本书为教育部人文社会科学研究项目《行动者的力量：基层治理中社会工作者临床自主性的研究》
（项目号：17YJC840025）成果之一。



社会工作专业使用制度的

# 理论与实践

刘 勇 著

五洲传播出版社

**图书在版编目（CIP）数据**

社会工作专业使用制度的理论与实践 / 刘勇著 . —北京 ：五洲传播出版社，2021.12
ISBN 978-7-5085-4796-1

I. ①社… II. ①刘… III. ①社会工作－研究 V. ① C916.2

中国版本图书馆 CIP 数据核字 (2022) 第 051304 号

# 社会工作专业使用制度的理论与实践

著　　者／刘　勇
责任编辑／黄金敏
设计制作／北京原色印象文化艺术中心
出版发行／五洲传播出版社
地　　址／北京市海淀区北三环中路 31 号生产力大楼 B 座 6 层
邮　　编／ 100088
发行电话／ 010-82005927, 010-82007837
网　　址／ http://www.cicc.org.cn　http://www.thatsbooks.com
印　　刷／北京市房山腾龙印刷厂
版　　次／ 2022 年 4 月第 1 版第 1 次印刷
开　　本／ 787x1092mm　1/16
印　　张／ 8.6
字　　数／ 150 千字
定　　价／ 58.00 元

# 前 言

本书是在作者博士论文的基础上，以2010–2016年广州家庭综合服务体系中社会工作者专业使用情况为案例，通过关于社会工作专业使用制度的经验故事，重点描述该制度的实践运行轨迹及困境，并揭示制度实践困境的内在过程与机理。经验故事的背后，其实是对制度演化、社会转型等理论命题的关注与讨论。本书的经验材料、结论观点、目录内容，都是截至2016年的调查研究所得。

我国的社会主义和谐社会建设，提出要造就一支宏大的社会工作人才队伍，这涉及到社会工作专业人才的培养、评价、使用和激励等制度建设。近年来，在各级政府的大力支持下，这些方面已取得很多成绩，但仍处于起步阶段，存在很多问题和不足。其中的焦点，在于社会工作专业使用制度这一环节存在缺陷。本书中社会工作专业使用制度和社会工作者使用制度是同样含义，因为它们都是讨论社会工作者在社会工作具体实务中能否有具体岗位和工作空间、能否在其中发挥专业效用等内容。

本书主要采用案例研究法，借助参与观察法、访谈法等方式，收集了2010–2016年广州社会工作发展模式——家庭综合服务体系的各类经验材料，对社会工作者专业使用制度的实践运行情况完成了质性分析。可以发现，该时期当地的社会工作得到了快速发展和多方认可，但一线实务中专业使用的效能却未如人意，存在“形式化”“边缘化”

的某些窘境。本书吸收组织分析的新制度主义、法国决策分析学派及其他理论流派的观点，搭建了一个“行动者—制度”的综合性分析框架，围绕广州社会工作专业使用制度的实践运行、背后各方力量的互动、以及所依托的机制等内容，展开了详细的描述和深入的讨论。

本书认为，可以将广州家综社工的专业性使用作为一个“游戏”场域来看待，有多方行动者活跃于其中，他们援引各类制度性逻辑，给社工专业岗位施加了不同的角色期待及影响力。各相关行动者的博弈互动、各类制度性逻辑的相互勾连、特定场域的规则要求，使得社会工作专业使用制度未如预期设计。

对社会工作专业使用制度的案例研究，背后也是对制度变迁理论命题的回应。本书将制度分析的视野从制度效果导向了制度过程，认为制度的实践运行是一个连续谱，当中有一种相对被忽略的制度实践情形特别值得关注，即新制度在落实过程中并未持续推进，而是滞留于某个中间阶段，陷入了低水平的均衡状态，不上不下地定型化并扭曲，书中称之为“制度实践的陷阱”。也就是说，制度实践与演化具有不确定性和不可预见性的特征，并非一帆风顺，可能落入陷阱而停滞，背后的力量、过程及机制值得思考；本书对制度变迁研究提供了一种“行动者—权力”视角的解释，尤其强调行动者对权力关系的建构在制度实践形态被定型化所发挥的作用。

在当前社会工作深度介入基层社会治理的背景下，希望本书能对提升社会工作者的专业地位、发挥他们的专业效用提供启示，为国内社会工作制度体系的完善贡献绵薄之力。

# 目 录

# 第一章　制度实践的研究：现象、问题及意义

一、现象：社工专业使用制度的实践

二、问题：制度的实践及可能形态

三、研究意义：制度实践研究的重要性

# 一、现象：社工专业使用制度的实践

## 国内社工专业使用的表述

自改革开放以来，我国取得了巨大的成就，也面临着一些不确定性和复杂的局面。作为现代化道路上的“后发国家”，借鉴海外先进经验、政府主导制度（institution）的设计与实施是常态。由此，社会领域中有很多海外被证明行之有效的制度也在被改造后引入进来，社会工作者制度即为其中之一，主要包括了社会工作专业人才即社会工作者的培养、评价、使用和激励等制度建设内容。本书的经验观察领域即放在了其中的社会工作者（专业）使用制度上。

当代世界范围内，特别是在发达国家和地区，社会工作者（下文简称“社工”）已被公认为在社会服务、社会建设领域中具有独特价值、理论、方法与技术的专业人士，利用其专业上的巨大优势，在协调社会关系、预防和解决社会问题、推动社会公正、促进社会发展等方面发挥着关键性的作用（曾家达等，2013）。他们是福利服务提供、社会秩序维护、公平正义追求的重要力量，受到世人尊敬。我国在大力提倡和谐社会建设之后，社会工作者队伍建设也日益引起重视并得到大力发展。在很多地区，比如深圳、广州、上海等地，大量的社会工作项目与岗位被开发设置，众多的民办社会工作服务机构成立运行，公益创投、社会组织孵化基地等社会创新形式被引入，成就了目前社工专业使用制度建设的良好局面。困扰社会工作界多年的“有人无职”“入职无门”等问题（张乐天等，2002；王思斌、阮曾媛琪，

2009），目前已基本得到解决或缓解。在政府及社会的持续重视和投入下，社工使用制度建设正稳步前行。一批优秀的社工人才、优秀的服务案例与项目、优秀的社会工作服务机构在此过程中得以涌现出来。然而，赞歌只是一个方面，同样也有不少问题暴露出来。不少研究表明，社工在工作服务过程中的行政化倾向较为常见（朱健刚、陈安娜，2013；张和清等，2013；费梅苹，2014）；或者专业使用不力，专业虚化、悬空情形较为突出（张晓红，2015；葛道顺，2015）。仔细辨析上述表述后会发现，它们不过是在对社工专业使用制度的运行效果进行判定，基于不同立场、从不同观察视角出发总是可能有不同乃至对立的看法。如果我们回撤一步，则会注意到真正仍需考察的是社工专业使用制度本身，它的运行效果只是其中的一个方面，更要考虑的是：它为哪些因素或力量所推动运行？它的运行是否呈现出某种结构性样态？即我们实际上是在分析制度的实践，考察某项制度安排付诸于实践之后是如何运行、被哪些力量所推动或影响，以及是否达成预期的期待。

## 家综社工专业使用的情形

在此，我们依据2010—2016年广州地区的社工专业使用制度作为经验案例，来更详细地阐述这些矛盾性现象。作为改革开放的排头兵，广州近些年来在社会建设、社会工作事业的推进上不甘人后，勇于借鉴新加坡等海外经验进行本土制度创新。不同于深圳早先采纳“岗位制”方式，广州从一开始就采纳了“项目制”方式来使用社会工作者，即政府设置社会工作服务项目、然后向民办社工服务机构购买，机构则聘请社工来负责提供专业服务、运营所承接的项目。[1]广州最大的特色，是在全市范围内的每一条街道至少设立一个街道层面的家庭综合服务中心（下文称“家综”）[2]，提供综合性整体性的社会工作服务。这些家综中心是一个以项目制方式设置和运行的服务平台，由政府出钱购买、民办社会工作机构承接运营，为当地街道范围内的常住居民提供家庭、长者、青少年及其他领域的各类社会工作服务。若把家综中心看作为

1 这也被称为项目购买制，项目购买制方式的良性运行其实有个前提条件之一是民办社会工作机构与社会工作者的专业能力较强。广州以项目购买制推进社会工作事业，有类似“以打代练”的想法，试图通过提供实践平台既培养社工人才又发挥其专业优势。

2 广州的街道家庭综合服务中心在2010年刚试点时称为社区综合服务中心，一年后改成了现名。最开始于2010 年率先在全市范围确定 20 个街道启动试点，但试点尚未结束在第二年（2011年）即开始于全市全部街道层面铺开，并扩展到了乡镇。2011年8月，广州市委市府发文，提出“全面推进街道、社区服务管理改革创新，构建新型街道、社区服务管理体系”，在街道层面宣布建立“一队三中心”，即政务服务中心、综治信访维稳中心、家庭综合服务中心和综合执法队。其中，家庭综合服务中心是指在街道设置的一个服务平台，通过政府购买社会服务的方式，由民办社会工作服务机构承接运营，并接受区（县级市）民政部门的业务指导。它根据区域服务实际需求，以家庭、长者、青少年等重点群体的服务为核心，设置“3+X”个服务项目，力求面向街道全体居民提供专业、综合、优质的社会服务。原则上服务总经费为200万元/年，主要用于社工机构开展社工活动（10%）、支付工作人员工资（60%）、维护日常办公设施和办公经费（10%）、其他费用（10%）等；并要求每10万元购买服务经费须配备一名工作人员，人员中1/2以上为社会工作专业人员，2/3以上为社会服务领域相关专业人员。目前，家综以项目制形式纳入政府采购管理范畴，主要采取公开招标方式来确定承接运营的民办社工服务机构。项目合约由区（县级市）民政局、所在街道和中标机构三方签订，区（县级市）民政局为合约实施的监督方，街道办事处为政府购买社会服务的购买方，中标的社工机构为服务提供方；合约以三年为一个周期，周期内一年一签，每年均进行中期和末期评估，末期评估合格后续签，不合格的不予续签。到2015年，街道家综项目已全部进入第二个周期。

一个组织，则结构比较简单，往往根据服务领域划分出很少的几个部门，再可能配一个行政部门（由几个行政、财务之类的岗位构成）；人员一般由 1 名家综主任、2 名副主任、若干个部门主管、数名社工和行政人员等构成，通常不超过 20 人。[3] 同时，鉴于本地社工经验、资历等方面的不足，当地文件还特别规定，每个家综都应配备足够的督导者（3 名左右，内外部兼职聘任）来加强专业指导，其中至少有一名督导者为香港地区的资深社工。并且在外部还引入了第三方的专业评估体系，每年对家综进行中期和末期的两次专业评估，以监察服务过程的专业性和评判服务的专业效果。

在政府的高度重视和大力投入下，广州社会工作发展的速度相当快，家综项目已经覆盖了全市所有街道并在大部分镇都有设置。这客观上为社工的专业性使用提供了较好的舞台和活动空间，也让当地社会工作的专业水准得到了很大的提升，并得到了业内的认可、国内各方的赞赏。一批优秀的社工、优秀的服务案例、优秀的家综中心、优秀的社工服务机构在当地出现，一个既有家综综合服务又有各类专项服务的完整专业服务体系基本成型。广州社工还异地介入了广东茂名洪灾、四川雅安地震、云南鲁甸地震等专业支援工作，并协助边疆地区发展社会工作和培养人才。这些表明广州的社工专业使用制度建设取得了不少的成就，预期目标将趋于成功。但很多对该时期广州社会工作体系的深入观察，却也有了另一个面向的发现，即家综体系中社工

3 本书也正是基于如此结构特性，将所称的家综社工限定于指家综中的从事社会工作服务、岗位设定为社工的专业人士，通常包括了普通社工和领域主管，而排除了家综的管理者（中心正副主任）、督导者及行政财务人员。

的专业使用情况不容乐观（朱健刚等，2013；肖小霞等，2013；黄晓星等，2014；张晓红，2015；胡杰成，2016；等等）。本书作者对此期间的观察与之一致，同样看到了家综社工的专业性使用不佳等情形。比如，一线家综社工的工作时间为标准的八小时工作制，但有不少时间却耗费在接触案主或社区走访的路上、耗费于过多文书的修修改改、耗费在一些非本职非专业性事务，真正用于专业性的直接服务时间被挤占。社工要自主性地完成专业实务也会受到一些限制，暂时未能在机构中取得像医生、律师、教师那样的专业权威地位，并且他们的重点服务领域、服务对象等受到购买方的限定，成效评估则受到评估机构和评估指标的很多影响。有些社工感觉在专业使用上所得到的支持有限，工作专业性不深入，以指标化产出来替代实质的专业成效评估，专业持续学习的动力不足。

简言之，该时期社工的部分专业性受行政化困扰、专业性被削弱、专业性使用的表面化与形式化等等，都揭示了此期间广州家综体系中社工专业使用制度的运行困难，也就是说，当地社会工作发展似乎到达了一个瓶颈阶段，即使是借助于国际流行的政府购买服务项目的形式，期待中的效率优势和专业优势也未必能够完全发挥出来。[4]专业性所面临的这些困境及其背后的各种制度性、结构性原因值得深思。

4 项目或项目制，从其原初含义来看，就代表着目标集中明确、利于效率提高，也意味着能理性地组合各方要素、发挥技术治理的专门/专业优势。在新公共管理主义的影响下，政府外包或购买公共服务项目一度是各国政府改革的潮流，既想采纳项目制的优势，也在于看重私营机构能提高效率和增加服务专业性。这是政府购买服务项目形式的逻辑或优势，可更理性、高效、专业、优质地完成任务或提供公共服务。

总结来看，2016年前广州家综社工专业使用中同时呈现出两个面向，各方对社工专业使用情况的评判并不统一。这些看法既可能在于观察者所站的立场、看问题的角度不一样，也可能是掌握的经验材料不够全面。但笔者认为，外显的现实情况本身就是复杂多面的，任何一种看法总能选择性地找寻到现象材料做支撑性证据。关键还在于透过表面现象看本质，即这些外显的成就也好、弊病也好，都不过是反映了某类本质性事物。笔者认为，这个本质就是在实践过程中所形成的家综社工专业使用制度。社工专业使用制度简单说是指有关社工专业使用中模式化的规则、程序和机制的总称，包括社工在哪些领域、什么岗位或机构、如何发挥专业效用等方面的制度内容。也由于它，机构和社工“操作”出“专业服务”，合规于专业性的评估需要，缺少更多的实质性专业内容。“外包装式专业”或“形式化专业”并不表示专业被置于了中心位置，实际只是意味着专业性仍然居于边缘。这种既要专业性但又不让其居于日常工作中心的悖论现象，笔者未能有更好的命名，暂时称为“专业性的边缘化”。它实质上是在反映广州家综服务体系中，社工专业使用制度在运行过一段时间后，已可能形成了某种定型化的制度实践形态。我们需要跳出主观预设去深入研究，将社工专业使用制度的实践形态作为本书的研究对象，主要考察社工使用制度的实践形态是以何种样貌、如何形成与运行、内在过程有哪些机制支撑。

## 二、问题：制度的实践及可能形态

### 制度实践的连续谱

以家综社工专业使用制度的实践形态为考察对象，实际上是在作制度实践的分析。对此，较为常见的一个思路是将制度实践与原初的制度设计文本作一个比对。往往二者之间的距离会激发研究者的兴趣，即制度设计在付诸实践后达成预期的情形有但少，更多的则是各类偏离，比如制度在实践运行中的走形变样、变通运转、或者失败废止，甚至反预期运行等。制度的形式文本与制度实践的差异这个主题，学界已经做了很多的深入研究，如公共行政学对政策执行“变通”的讨论（贺东航、孔繁斌，2011）、社会学新制度学派对“形同质异”的阐述等（周雪光，2003；斯科特，2010），都反映出相近的研究旨趣，并产生了很多精妙的研究成果。笔者以为，关注这样的主题当然有很多可取之处，但其实还隐含有一个前提性问题需要去追问，即制度的实践形态是如何形成的？有了这个问题的答案，才能进入到前述差异性比较的分析。对实践形态的制度如何形成的追问，还可引发出更深入的思考：究竟有哪些力量造就了制度的实践形态生成？又是借助了什么样的机制来发挥影响力？不仅如此，差异性比较的分析也反映某种单极化的思考方式，仅考虑了制度实践与形式文本的落差，而忽略了制度实践还可以是一个落实的过程。或者更清晰地说，制度实践其实是多样化的，它既可以是前述各类偏离，还可以是成功落实，或者是中途停滞不动，即它是一个从失败一极到成功一极的连续谱。因此本书认为，制度实践本身非常值得分析与思考，需要去揭示制度实践的内在过程、动力机制、以及其运行轨迹与可能的结果形态。我们既需要去关注制度实践的落空，也需要去探讨制度实践的落实。

笔者以为，以往学界较多地重视对制度的偏离、落空进行研究，后来也对制度的落实展开了精彩的讨论（刘玉照、田青，2009；张兆曙，2012；周孟珂，2016）。不过有一类制度实践的情形却仍然被学界相对忽视，即某个强制性的新制度，在自上而下地推行于现实后，开始总能得到一些支持、获得推动、并与设计意图保持一致，但随着时间的推移，再往前推进就很困难，呈现不上不下、中途停顿定型、均衡于某水平的特征，从形态上看也维续了预期中的制度形式但却有内在实质性差异。如此情形，我们考虑命名为“制度实践的陷阱”。从界定上看它与所谓的“制度走形”有些类似，但更多地是存在不同，它更强调制度安排的部分落实情形、形式维续、以及制度演进过程中定型于某个阶段形态。它属于制度实践连续谱中的一种，在很多新制度的实践演进中其实也较为常见，但却并没有得到很充分的研究分析。因此，本书对制度实践主题的考察，将聚焦于分析“制度实践的陷阱”，主要探讨新制度的实践演进中的持续推进情况。从思考中可以看出，不是制度的设计文本，也不是关于制度的文本规定与实践形态之间的差异，而是制度的实践形态如何在运行过程中定型化并被哪些力量或机制所影响，成为了本项研究的主要内容。本书将制度实践形态的形成看作是多重制度性逻辑、多方相关行动者介入其中并相互影响的过程，是多类机制相互作用的结果。

## 关注于社工专业使用制度的具体实践

笔者将制度实践的现象领域放置于国内的社会建设领域。社会建设领域中出现的新制度很多，笔者对社会工作者制度感兴趣，特意选择了其中的社工专业使用制度作为观察对象，具体的经验材料则来自于2010—2016年期间广州的街道家庭综合服务中心，即对家综社工的日常工作进行了观察。本研究无意去提供家综社工日常工作的细致描述，研究的重点是去揭示家综层面的社工专业使用制度是一种什么样的实践形态，有哪些力量、通过什么机制对这个制度的实践运行发挥了重要影响？本研究围绕了家综社工的日常工作中专业性发挥情况这条主线来展开讨论，考察专业使用被哪些因素所塑造、干扰、影响，乃至可能其制度被定型化。具体来说，本书关注如下问题：基层社区发生哪些新变化并给政府治理体系和福利体制带来了怎样的挑战？社工作为专业力量被引入到基层社区后，被利益相关的各方行动主体各自赋予了何种角色期待？各行动主体又是通过哪类机制去施为这些角色期待？机制勾连及行动者互动的背后又依托了什么样的制度逻辑？在各方博弈互动下，实践中的社工专业使用制度会是什么样的存在形态？它被定型下来了么？又可能会如何外在显现呢？面对这些不同的角色期待，受到了各类因素（或力量）、机制影响的家综社工，在权衡之下将会如何使用专业呢？

对这些问题的回答，要求我们将家综中心作为一个场域来看待[5]，

5　本书对场域的界定借鉴了布尔迪厄的看法，但不会完全照搬，结合了组织社会学的新制度学派和法国决策分析学派的观点，进行了一些改动。具体将在“研究设计”的章节予以阐述。

把家综社工这个位置（status）看作是一个角色丛[6]。作为场域的家综中心，一方面，该场域有其自身的规定、原则和资源；同时另一方面，它也不能完全框定游戏，它对各方利益相关者进行开放，各方行动者携带着自身资源、禀赋能力出没于其中，并有很多的制度性逻辑可能会被援引进来，共同推动着游戏持续下去。作为角色丛的家综社工，则被各方直接相关的行动者赋予了不同的角色期待，在工作中如何完成任务、如何使用专业性，需要作出权衡选择。结合来看，最终在行动者之间的博弈互动、制度逻辑的相互勾连以及场域自身逻辑的共同影响下，可能会定型出某种“局部性秩序”（费埃德伯格，2005）或实践形态的制度。笔者将以 2010—2016 年广州家综的各种经验材料，来揭示各方行动者因应各自利益与权力，介入于社工使用新制度的建设实践当中；在博弈互动的过程中演化出了某种实践性的社工专业使用制度，且该制度开始发挥限定效用；此时占有家综专业岗位的社工，在多个角色期待中只能作出策略性极为有限的行动选择。这是把制度本身作为了解释对象的一项研究，考察制度在实践过程中如何被多方行动者推动成形或定型，且发挥限定作用。研究既强调行动者的建构性，也强调各行动者的复杂性，还特意指出制度演进的不确定性。本书也结合了行动者和制度的分析，以及对机制分析的重视，来理解制度的运行与实践定型。

6 按照默顿的定义，“角色丛用来指人们由于占有某一特殊的社会地位而具有的角色关系的全部”（默顿，2006）。后面将详细分析，家综社工这个岗位吻合于角色丛的定义要求，与一系列社会关系交叉、并被不同行动主体赋予了各自的角色期待。

## 三、研究意义：制度实践研究的重要性

### 理论意义：丰富制度研究

笔者以为，本研究的理论意义主要在于能增进对制度本身的理解和深化对制度与行动之间关系的思考。早前社会学新制度理论过多关注于制度的影响及后果分析，而相对忽略制度的建立或形成（斯科特，2010），在其理论核心点——“限制中的选择”（Nee，1998）这一点上过于强调了“限制”的面向而对“选择”重视不够（卢晖临，2015）。因此对制度及其起源、行动者的建构性进行研究成为了该学派最近的重要投入领域。本研究聚焦于制度如何实践运行这个方面来展开，突出在制度的实践形态可能成型的过程中，各类行动者如何进行各自力量的施为以及相互之间展开互动博弈，强调了行动者的建构作用。同时本书也强调，理解制度的运行与演化，必须引入对权力（或力量）、利益等行动者的主观建构因素进行分析（鲍威尔、迪马吉奥，2008）。并认为，制度被理性设计出来之后，并非一开始就定型，它可能没有清晰的目标或目标多重；制度也并非按照预期目标与轨迹持续演进，而依赖于各行动主体之间的博弈互动来进行再生产或重构，且可能中途定型于某个时点上并发挥制度的限制作用。这些也许能丰富人们对制度理论的认识。

同时，因为近些年我国有一大波的制度变革、创新举措被试点、推广，给研究者提供了丰富的材料和很多的便利。所以，笔者将经验观察点放在了社会建设领域中的制度创新，期待能扩充制度研究的应用范围。另外，由于社会领域中的制度变革，不同于市场领域对利益

计算逻辑的相对偏爱或纯粹关注，有着更为复杂、多变、开放的环境干扰，受到更多重价值理念、意识形态及利益纠葛的影响，存在有更多行动主体的塑造。这加大了理论解释的难度，但同时也有助于扩充现有理论成果的解释力和内在魅力。

## 应用意义：启发社工实务的专业性

笔者强调，社工专业使用制度的运行过程中，呈现出的专业人士边缘化、专业能力闲置的个别现象，值得观察和分析，因为问题的暴露之处能提示更多的内在信息。笔者还认为，简单地将社工和机构专业性发挥不力归因于社工与社工机构的经验、能力不够，或者是各类资源、支持不足，可能会遮蔽一些重要的理论问题；且如果反思不够深入，对实践而言，可能会导致社会工作的发展停留于专业性的表面化，有其形而无其实。必须深入社工使用制度的内在形成及其运行机理，才可能得到更丰富和有成效的答案。因此本研究的实践意义也是比较重要的，既利于深入理解社会工作制度的移植与本土化完善，也有利于解决工作专业实务的某些困境。

# 第二章 文献回顾：既有研究的启示与反思

一、海外发达地区的社工专业使用制度及启示

二、国内社工专业使用制度的研究与反思

三、制度实践的理论述评

如曾家达等人（2001）所言，“西方社会工作的起源与工业化和城市化有着紧密的关联，中国社会工作的需求也来自于当前的现实和社会变革的挑战。”本书将结合国内外社会工作者的使用情况等现象，主要围绕制度的运行与实践形态这条主线展开文献回顾。

# 一、海外发达地区的社工专业使用制度及启示

## 海外社工专业使用制度的建成及取向

现代社会工作缘起于西方，“诞生于对‘科学的慈善’之追求，并深受现代知识范型的压力与推促”（陈涛，2011）。它给世人提供了一套解决社会矛盾、增进人类福祉的专业方法，创设了一种应对现代社会问题与需求的制度。[7]最早的社会工作者是由一批志愿者如“友好访问者”（friendly visitors）向授薪被雇佣者转变而来，这是职业化的开端。其后，美国学者弗莱克斯纳 (Abraham Flexner) 在 1915 年召开的全美慈善和矫治大会上关于《社会工作是一种专业性职业吗》的演讲，宣称社会工作缺乏系统的知识基础，还构不成一个专业（profession）。这番言论深深地刺激了相关学者及从业人员，从此他们加快了专业化的建设。经过多年的共同努力，社会工作的专业方法、理论知识、价值理念、技术技巧被发展起来，专业所独有的理论概念与知识体系、伦

7 范明林（2007）等人认为，“社会工作诞生于西方的社会环境之中，其理念、理论、原则乃至实务模式和技巧都体现了西方的宗教理念、乌托邦思想和福利国家思想等等。”因此发展中国家在借鉴时需注意这些。

理体系也日趋构建完善，专业的实务领域不断被拓展；也建立了各类专业组织、协会，且专业被“福利国家”体制所接纳而体制化、建制化，最终社会工作的“专业地位”被予以承认（李迎生，2008；莫拉莱斯等，2009；陈涛，2011；郭伟和等，2013；等等）。按照格林伍德（Greenwood，1957）对专业的研究，到 20 世纪 50 年代末，在北美地区社会工作已经成为一个专业；因为任何一个专业应具有的五项基本特征：系统理论、专业权威、社区认可、伦理守则、专业文化等，社会工作已完全具有。同时也要注意，社会工作职业化、专业化的过程，同步于现代社会福利制度的建设，且大批社会工作者开始受雇于政府部门，成为政府管理社会的一部分。因此，社会工作不仅是一种专业服务，也是一种福利制度。[8] 与“福利国家”的结合，从某种程度上来说是极大地推动了社会工作专业化的大扩张，它有了更好的资源，能发展出更多的新技术、新方法和新流派，覆盖了更多的人群（尤其是弱势群体）。

与“福利国家”的结合不仅只有有利的面向，也深刻地影响了社会工作专业化的路径或取向。有研究表明，受福利国家体制的强烈塑造（主动的或被迫的）影响，社会工作有了一种“建制化”的取向，参与“协助国家对社会成员进行更加有效的规训和改造”，借助于司法体系和国家权力体系形成了专业的垄断地位，并对福利国家有较高

---

8 社会工作在专业化建构的过程中除了与福利国家体制紧密的走向外，依然还保有自身独立自主的专业走向，所以社会工作的专业化逐渐分流出了两个阵营：微观化、技术化、以个人为焦点的（或称之为“科学派”）社会工作与重视宏观—结构视角及干预的批判/激进的社会工作（或统称为“进步派”）（参考陈涛，2011）。即社会工作存在个人治疗和社会改革两种不同取向的服务模式，二者长期争论，并给社会工作的专业化带来一定的阻碍。（殷妙仲、徐明心，2003；童敏，2009）

程度的依附（汉隆，2009；郭伟和等，2013）。一个值得重视的后果是，社会工作走精细化、过度技术化的专业发展路向而相对放弃对社会变革路径的坚持。如北美社会工作界，较长一段时间内都是吸收精神分析学及其他心理学理论的成果，加大技术主义的发展，侧重于心理取向的治疗模式与能力成长模式，包括发展出的小组工作和社区工作也是偏重于治疗修补的专业化策略，强调“改变个人而非改变社会”（Specht, 1988）。这一理论并不完全吻合于社会工作的价值理念与“慈善”使命，社会工作界对此批评很多，担心它只会加重对穷人的管制，导致福利对象的依赖性增加和不负责任并形成一个依附群体，“社会工作在追求专业化的过程中失去了对社会改革的热情”（Trattner, 1999）。尤其是 Specht 和 Courtney（1994）的批评更为犀利，称社会工作者已经堕落为一群“没有信仰的天使”，丢失了为底层社会提供帮助和服务的原初使命，而越来越多地转向于服务中产阶级，热衷可收费的私人性心理治疗活动。她们甚至质疑社会工作者的教育和训练耗费了大量的公共资金，没有承担起本应为社区服务所负的责任，却变成了专业私利者。另外的一个后果是，福利国家体制让社会工作者主要被政府所雇用，他们同时成了政府向公民提供社会服务的组织者和专业服务者，并有了政府福利行政官员和社会工作者的“双重身份”。这种体制内的从属身份可能造成社会工作者放弃宏观性思维的反思，放弃对宏观社会制度与结构的改造，而局限于在既定的制度框架下开展实际效果甚微的微观社会服务。且社会工作者及社会工作服务机构对政府尤其是政府经费依赖过多，也会造成自身自由度与行动效力的降低（Manser, 1974）。这些都可能会削弱社会工作的专业自主性，社会工作实践也会渗透着行政规则和程序而缺失专业性判断，社会工作者也会更偏重于政府管理者而非职业社会工作者的角色，变得“官僚化”而让专业性受到损害。（Grimshaw and Sinclair，1997；O.Neill，1999）最终，社会工作可能沦为政府统治的工具而不是真正服务于民众。因此，国家力量的介入固然有助于社会工作专业制度的建立与专业地位的合法化，但也可能“让社工群体对社工专业制度建构内涵产生质疑，并形变为一种由国家主导的专业”（黄培洁、古允文，2014）。这并非好事，有学者曾言（殷妙仲，2011）：“一方面，政府透过控制资源分配，成功地压抑过去曾一度活跃的社区发展工作，另一方面，社工注册制度的出现，把一些在社区里真正地推动着组织工作而没有受过专业训练的社区工作者排斥在外。事实上，这也解释了为什么很多发达国家，以依赖政府资源为生的社会工作专业，逐渐地变成所谓的‘临床性’的专业工作，而远离了推动社会改变的传统专业使命。注册制度无形中赋予政府对社会工作更大的控制能力。”自 20 世纪 70 年代起，社会工作者就越来越多地反思治疗修补取向的社会工作专业化带来的问题，认为这样的专业化策略让本已受到社会不公正待遇的服务对象再被贴上问题标签，忽视了社会结构性的不公与权力性的障碍，也难以真正挖掘服务对象的潜能与自我解决问题的能力（童敏，2009）。他们倡导社会工作应重新回到社会改革的历史使命，与底层和边缘化民众一道进行制度化与结构性的社会变革，其中典型如增权视角和结构性社会工作的提出。

## 福利改革的冲击与海外社工的应对

当福利国家制度改革、削减社会福利支出之后，原先依附性的“人学”专业，包括精神医疗、心理辅导、社会工作、教育、护理等专业性职业，有了专业地位之脆弱感觉；专业逻辑正被国家逻辑和市场逻辑所围逼，“商业化职业主义正冲击或取代服务型职业主义”（汉隆，2009），国家和资本对有效性的追求和评价标准的重新设定，都重新型塑上述专业，带来了很多的不利影响（汉隆，2009；刘思达，2006）。在福利制度改革的同时，也正好伴随了受新自由主义思潮影响的新公共管理主义在公共服务领域的实践，政府为缓解财政压力而推行公共服务的市场化运作，大力引进市场竞争与契约管理。某种程度上这可能会带来福利效率的提升，并对早前专业主义的权力和利益过度膨胀进行纠正与遏制，但也可能会使福利行为变异为商业性行为而挑战社会工作的福利本质。“由于社会工作从来没有像律师、医生和会计师这些高度专业化了的职业那么独立、自主和符号化，而是一种依附于福利国家政策的专业化程度较低的职业，被形容为‘国家中介的专业’（Johnson 语）或者说是一个‘官僚化专业’(Harris 语)，本身是由技术性手段和意识形态手段两大因素来维持专业统治的，因此社会工作更容易受到管理主义的宰制。意识形态手段是不稳定的，容易受到社会思潮的变化而转变，当社会思潮变得右倾保守的时候，靠社会公平正义人道主义等意识形态赋予社会工作专业的权威、地位和利益也会受到削弱，向经济理性主义让步和低头。”（郭伟和等，2013）因此，西方新自由主义和保守主义的政治气氛，以及相关利益方对专业服务的各种不满，促成了管理主义在社会工作服务领域的扩张，压缩了社会工作专业主义的权力与利益。

在福利国家衰退、新管理主义流行之时，社会工作就在饱含威胁的环境下，专业化和职业化出现了明显的倒退，甚至会逐渐走向边缘化（Mullaly，2007）。英国学者 Skerrett（2000）指出，当个案管理式社会工作取代个别化的个案工作（individual case work）和基变社会工作（radical social work）范式，成为 20 世纪八九十年代美英等西方国家主导模式时，固然有利于各服务体系之间的协调和服务成本的降低，但更主要的冲击却是让社会工作者成为了一个经纪人，提供各种行政性工作，不提供直接服务而把服务留给其他专业，专业技巧丧失而去强调管理与协调技巧，更注控制功能而忽略人文情怀。在新管理主义的冲击下，社会工作的专业判断由于悖逆于管理模式对排除不确定性、理性控制的重视而收缩空间，案主自决的价值理念由于冲突于管理模式的常规性运行而难以坚持，且由于注重服务结果及结果的可报告性和可评估性，而可能忽略潜能、人格成长、尊严等长期、隐蔽的结果（参考郭伟和，2004）。社工在此专业实务的过程中，面临着案主利益与行政命令对立、专业自主与科层官僚对立的两难，行政缠身、买家主导、社工还有沦为行政附庸的可能；社会工作的专业服务趋于短视化，服务质量下降，专业人士与服务使用者的关系商业化、功利化。台湾地区学者李易骏、陈静宜（2010）就曾发现，依托新管理主义的社会服务外包作法，会让雇主（政府与机构）为降低人事成本及转嫁风险而采纳短期雇用契约，从而带来隐而未见的外部成本，即以社工就业安全、案主权益、服务品质及专业责信为代价，这不利于专业服务环境的成长，也不利于专业服务品质的产生及专业经验的累积。以至于有学者说："在新保守主义日渐当道的情况下，各国政府福利资源主要投放于补救性服务。而补救性服务也多用病态的角度去衡量用者的需要，忽略了因社会结构性的不公义所带来的影响。"（殷妙仲，2011）且如 LiPsky 和 Smith（1989/1990）指出，与政府的合同关系会限制机构对服务对象的积极回应，不是从服务对象的需求出发，而变得以政府期待为基准。虽然在提供服务时机构会采取需求评估、服务对象满意度调查等手段，但如果政府期待的成效与服务对象希望得到的服务之间存在差异，机构可能会向政府期待倾斜。这种对政府的向上负责，极有可能扭曲社会工作服务，导致社会工作服务递送的真实有效性降低，从而给社会工作的长远发展带来威胁。也会存在某些学者所发现的"筛案现象"（刘淑琼、彭惠，2007），这类外包式的委托服务会由于政府内部不同部门之间的成见与隔阂而形成更为复杂的多角关系，使得有效的契约管理难以实现，受托者自主空间更大，他们会依实务经验与专业判断进行个案筛选及数量限定，而让个案的服务得不到应有的保障。"筛案现象"并可看作是在委托者提供的人力配备、设施资源与承诺不足等情况下，"受托者所展现的专业自主与组织自保因应行为"。所有这些都意味着，社会工作者恐怕再也不能自主地发挥专业性，且专业性堪忧或被严重削弱。

为了应对福利改革所引发的挑战，破解对专业权威的质疑与批判，社会工作界一个较普遍的回应策略是寻求更加专门化、精细化、科学化的知识及技巧，以增强自身的专业能力和社会地位。最典型的是"证据为本的社会工作"（也称循证社会工作）的兴起，强调更加细致的、基于证据的实践步骤，要求建立在经验支撑上的干预效果，力图用实证主义科学理性去塑造更高层级的专业权威。这种应对有以过度专业化之嫌的样态，但在促使社会工作赢得多方认可并增强服务社会功能方面自有其鲜明特色及一定效能。其他如增权取向、优势视角的实践策略等，都可看作是社会工作在应对这场专业地位危机中的一些新策略、新思路，它们在挖掘案主的潜能和社区资源、提升服务对象的自主性、培养个体对生活的控制感与掌控力等方面着力甚多（参考张宇莲，2009；曾家达等，2013；郭伟和，2014）。也许这会改变专业关系中的权力格局，但其效果却是值得的，并从长远上看利于社会工作的专业地位。当然，也有些地区采用其他策略去应对新管理主义对专业性的弱化，如“借强制注册制度树立社会工作专业的公信力及专业的形象”“发展创新性服务”“采取社会行动压迫政府改变福利政策及认同社会工作的目标和任务”等（王卓圣，2004）。所有这些应对策略实质上都反映了社会工作专业群体自身去塑造与控制专业领域的企图（Hughes，1964；Larson，1977）。

因此，通过对发达国家和地区社会工作专业化历程的梳理，可以发现，国家行政力量对社会工作者的专业性取向有着极强的型塑作用，既能给专业化带来空间，也能诱导或控制其发展方向与定位。专业化的后果可能有多重，且在不同国家和地区可能会形成发展模式、发展重点上的某些差异，故其内在的型塑过程及逻辑非常值得进一步深入探讨。另外，在福利制度改革、新管理主义影响下，市场逻辑与效率机制也证明了自身对社会工作专业化的干预能力，绩效考核、透明监察等举措在压缩专业性发挥空间的同时也诱发其精细化、技术化的发展取向。再深入一步还发现，有着较大差异的行政逻辑与市场逻辑这两股力量内含有一致之处，都认可社会工作提供服务的功能，并希冀该功能的最大化发挥以弥补政府与市场的不足。也就是说，二者都共同持有一种实用观或实效主义在型塑社会工作的专业化脉络。同时，在呈现专业性的过程中，发达国家和地区的社会工作事业发展基本上带有明显的自我积累和“自然”生成的特点（王思斌，2010），称得上是一种“内生性”发展，其中的社会工作者也并非简单的受众，而是参与了专业性地位建构的全过程。虽然前述文献中可能不太明确化阐述这点，但鉴于社会工作中存在多种学派、世界各地社会工作模式的差异（典型如欧洲与美国的差异）等诸多证据，以及在应对专业地位危机时存在各种专业化取向策略的情况等，将社会工作者当成主动的建构者和策略行为者来予以考察是必须的。

## 海外社工使用制度良性运行的支撑机制

再深入一步的探讨还会发现，发达国家和地区的社工能保有“专业地位”“职业声望较高”“实务工作中专业性发挥”，都在于有一整套制度机制作为了有力的支撑。

首先，这些地区在构建福利国家体制的过程中，并非完全由国家主导，社会组织、专业人士在其中同样发挥重要的作用，“福利多元”是其核心特征之一。同时，在国家与非政府组织的关系讨论上，不管是在“法团主义”还是“多元主义”模式，其前提之一都是承认国家和非营利组织分属于两个独立体系，存在着权力上的共享（黄晓春等，2015）。这些都表明，政府未能主宰、控制非营利组织和社会领域，“社会”有其自主性和独立性，有足够的空间便利于社工等专业人士发挥作用。在此笔者以“公共治理机制”来表述，意味着国家对社会的让步及社会自身的独立性，这一空间支撑了社工的专业自主使用。其次，通常这些地区的社会权利意识高、利益表达机制完善，民众乐意进行社会参与、协助社会自治，由此也给非营利组织的运作提供了很好的社会基础，在资金、志愿者人力等方面更容易获得支持。同时，民众的参与也是利于非营利组织的治理结构完善和外部社会环境优化，支撑社会自主性并抗衡政府权力的过度膨胀。一个合理有效的社会参与机制比较重要的。第三，这些地区的非营利组织在内部治理结构和外部治理机制上，尽管偶尔有某些漏洞暴露，但大体是完善和运转有效的。在这些地区，对组织的信息披露、财务公开等方面的要求很高，事后的监督与惩罚机制得力有效，防止了不少组织“混水摸鱼”的可能，从而也增强了社会对组织的专业能力的认可。而专业人士在治理结构良好的非营利组织内部，也由于其出众的专业素养和优异的服务水准，能树立起足够的专业权威并拥有职业权力，从而主导某些重要事项的决策与执行。这些意味着一个专业权威机制在组织内部得以成形。第四，在这些国家和地区，通过多年的努力，已经形成非常完备的教育和实务培养体系，可以训练出能力出众的社会工作专业人士。同时，依靠“专业化工程”运动，社工的专业地位也已获得了足够的社会认可，被承认为有能力有技术的“专业权威”、具有“专家身份”，即意味着有了专家身份机制作为支撑。且通过设置入职门槛、资格认证、职序晋升、专业符号等，维护着这套“专家身份”，这也极大地便利和保护了社工的各类职业行为。第五，由于社会工作的专业地位被社会认可，同时也就意味着它的行业自律、自治是得到保证且水准相当

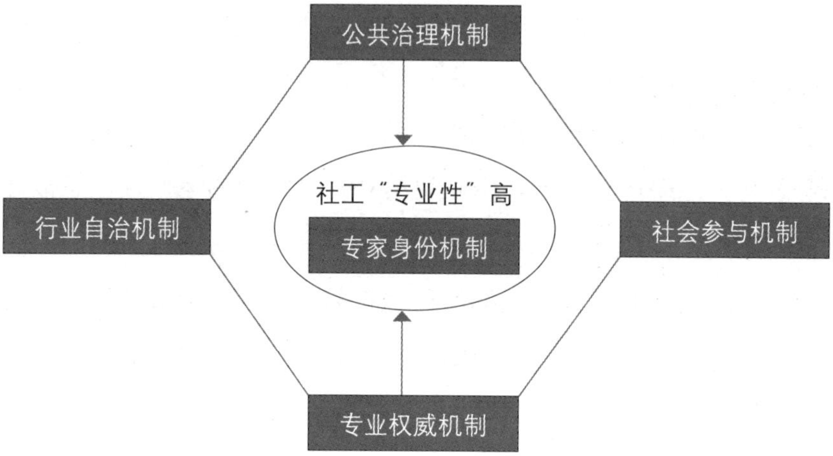


图 2-1 海外发达地区社工专业性高的支持机制

高的，因此，行业内部评估、纠错、监督检查都运作较好，并有权威性，即有一套好的行业自律自治机制。这个行业自治机制相当完备和严格，从教育体系、从业资格认证、职业伦理守则、行业标准规范等方面，都有各类行业协会参与其中，发挥出专业化的能力，体现出精细化分工的优势，从而有力地保证了社工发挥出较高水准的专业性。

所以，总的来说，这五个方面支撑了发达地方的社会工作治理结构运行：公共治理机制给出了一个自治空间，社会参与机制给自治空间提供了足够的社会支持基础，专家身份机制意味着专业人士足够自立自信，而同时又能得到所在组织的专业权力、获得自律自治的行业性支持。后三类机制尤其共同构建和支持了专业力量和专业主义逻辑。这五个机制连成一体，相互支持，共同保证了专业性制度逻辑主导了这个专业使用的场域。即使遭遇了福利改革、新公共管理主义的巨大冲击，但自身的自立能力、纠错反思能力依旧强大，依然保持了专业性地位。这些地区的专业性制度逻辑能获得了足够的机制性力量支持，并有效地反制了行政性制度逻辑的建构，从而保证了专业性的充足发挥。这样描述出的治理结构可能有些理想型，但大体上围绕于此，笔者并以图 2-1 来表示。

## 二、国内社工专业使用制度的研究与反思

### 国内社工专业使用制度的现实进展

1949 年以来的较长一段时间内，我国政府一直是社会服务的直接供给者，其方式是政府将服务分配给各单位，然后再由单位直接分配到个人。这是一种自上而下垂直化、单向性的科层式福利供给机制，依托于全能型政府的科层——单位体系。在计划体制时期，它有一定效用但所提供的福利水平不高，更多地是停留于补救型层次。

随着我国改革开放的深入，整个社会日益发生着深刻的重大变化。20 世纪 90 年代中后期呈现了“市场社会”的趋势（王绍光，2008）。科学发展观、和谐社会等新的治国方略和发展战略在 21 世纪初提出，中国迎来“社会政策时代”（王思斌，2004）。显然，计划体制下形成的福利体制、行政社会工作模式等原有社会整合系统，已经难以解决社会转型期的各类社会问题与需求，借鉴国际先进经验、引入专业社会工作力量极其必要（王思斌，1995；王思斌、阮曾媛琪，2009）。因此中共中央在 2006 年十六届六中全会通过的《构建社会主义和谐社会的决定》中，提出了“建设宏大的社会工作人才队伍”。我国政府对社会工作的定位是服务于人民、构建和谐社会，国内社会工作的兴

起与发展也因此而借力于政府的社会建设战略（姜海燕，2015）。王思斌、阮曾媛琪（2009）对此的解读是，“按照党中央和政府的制度设计，建设宏大的社会工作人才队伍是要充实公共服务和社会管理部门，提高专业化社会服务水平，进而促进和谐社会建设。”现代社会工作体系被纳入国家社会建设和福利体制改革的发展规划当中，其专业化职业化的服务本质也切合了服务型政府的构建需求，它将可能成为社会福利职能的主要承担者和操作者。政府体系后来也达成一个共识，即必须把社会工作者作为专业技术人员来看待，应大力发展“专业社会工作”并发挥其专业优势来推进国内的社会建设。[9]

国内社会工作，伴随着和谐社会建设、社会治理创新的浪潮，从2006年以来，迎来了事业建设的高潮，开启了一个新阶段。[10] 各地

9 按学界观点，国内社会工作长期存在两类：“实际社会工作”（带有行政性和“半专业化”特征）与“专业社会工作”（王思斌，2006；王思斌，2011；方巍，2011；等）。在早前政府文件中并没有区别对待国内的这两类社会工作，宏大社会工作人才队伍中包纳了旧的行政式社会工作者；但从近些年的国家文件来看，表述上已经发生重大变化，专门强调了社会工作职业的专业性，早前“社会工作人才”的称谓已被“社会工作专业人才”所取代。在国家2015年版的职业分类大典中，社会工作者也已经被列入为专业技术人员大类下，属于法律、社会和宗教专业人士中类行列。

10 社会工作在国内的恢复重建始于1980年代，1987年的“马甸会议”是其发展史上的里程碑事件。2006年，两个标志性事件的出现，象征着社会工作迎来了新的发展：一是当年7月人事部、民政部联合发布了《社会工作者职业水平评价暂行规定》和《助理社会工作师、社会工作师职业水平考试办法》，在中央层面认可了社会工作的专业技术地位；二是当年10月，中共中央十六届六中全会通过了《中共中央关于构建社会主义和谐社会若干重大问题的决定》，其中提出要“建设宏大的社会工作人才队伍”“建立健全以培养、评价、使用、激励为主要内容的政策措施和制度保障，确立职业规范和从业标准，加强专业培训，提高社会工作专业水平”，这充分说明党和国家对社会工作发展的高度重视，也是之后社会工作发展的纲领性宣言。最近十几年内，连续出台了一大批制度文件予以支持，如《国家中长期人才发展规划纲要（2010—2020年）》《关于加强社会工作专业人才队伍建设的意见》等；地方层面上各类试点及推广还更多。

社会工作事业已经全面开花，职业化、专业化、制度化的建设如火如荼[11]，大量增设岗位，人才队伍和专业机构的数量也迅速增加，以专业人才培养、评价、使用和激励为主要内容的社会工作制度体系已经初步形成。[12] 尤其是一些地方的实践如广东、上海等，有了很大的突破。这个过程也可称为国内社会工作者的专业化职业化历程。

鉴于国内分立为传统行政社会工作与专业社会工作的基本现实，学界对国内社工职业化专业化的路径做了不少的分析总结（王思斌，2006；孙莹，2006；王思斌、阮曾媛琪，2009；王思斌，2011；李迎生、方舒，2010；李伟、张昱，2015），概括出了几个不同的模式[13]，照笔者的简单看法，不外乎可归纳为两个脉络：传统行政社工的身份转换型专业化与专业毕业生的专业支持型职业化；最终二者都接轨于国际统一称谓：社会工作者。这两条路径中，让社会工作者通过培训考证来转化；或者让毕业生获得岗位发挥专业性功能更被看好，既可以让他们进入体制内岗位，也可发育体制外社会组织来锻炼和使用。也可以说还有另外的分类形式：采纳岗位制形式使用社工，可体制内部设岗也可从外部购买；或者用项目制形式来使用社工，主要是政府向社工服务机构购买项目，后者雇用社工提供具体服务。岗位制的优势是简单易操作、在起点较低时比较合适，但容易行政化；项目制要求社

---

11 本书所称社会工作都指“专业社会工作”。

12 有关数据或情况参见民政部官网发布的《2015年民政工作报告》。

13 比如职业专业化、专业职业化（孙莹，2006）；嵌入式、新生式、渗透式（李迎生、方舒，2010）；嵌入说、转型说、分立说、融合说（李伟、张昱，2015）；以及上海模式、深圳模式、广州模式、北京模式之类的地区模式（王思斌、邹文开，2016）；等等。

工机构与社工有一定的专业成熟性和项目经验，理论上讲由于有独立空间可能更有利于专业性。从社工专业使用制度上看，岗位制与项目制是国内最为主要的采纳形式；而且受到新公共管理主义及政府职能转变的影响，更多为政府购买社工服务岗位或项目、民办社工机构负责运作。

## 学界对国内社工专业使用制度的反思

国内社工使用上有新进展，但研究发现，社工的专业性使用情况有各种描述，比如“社工沦为伙计”（朱健刚、陈安娜，2013）、“专业使命悬置、服务异化”（肖小霞等，2013）、“社工服务内卷化、社工行政化与边缘化”（费梅苹，2014；黄晓星、杨杰，2014；2015）、“专业性悬空、职业性排斥”（葛道顺，2015）、“专业弱自主、专业理念困窘、形式主义”（张晓红，2015），等等。有的学者的解释，结合了对新公共管理主义影响下的运行机制考察（郭伟和，2014），认为国内社会工作服务主要依靠了政府购买形式，它按照新公共管理主义的服务方案规范，将很多社会问题技术化和福利化处理，并不能有效地回应社会需求，同时让社会工作受制于相互竞争的投标体系并接受评估，反而导致专业自主性的缺乏。而国内社会服务机构也大量地引入“合同”“绩效考核”及其他的市场化机制，使社会服务日益地受到成本—收益思维影响，社会服务变得越来越像“生意”；各种质量控制手段和绩效测量工具的运用，会极大地窄化服务的专业方向和“好服务”的含义，社会服务因此也越来越受到“规则为本”的工作惯例的控制，在服务上真正运用社工的知识和技巧却越来越困难。面对这些专业使用的困境，有论者结合汶川灾害社会工作的实务经验而较乐观地认为（张宇莲，2009），“若能坚守临床社会工作的理论、社会工作过程模式、社会科学的研究方法，专业性社会工作在培养个体对生活的掌控感与掌控力方面是可以有所作为的，这将最终使它实现与本土社会的有机整合……过于强调专业性社会工作的文化局限性，其实是对社会工作的专业能力与贡献缺乏了解。”这种依靠专业能力进行突破的技术取向，某种程度上也得到了文军（2015）等人的回应，他们主张去构建一个社会工作的整合服务模式，能有力地化解国内社会工作专业服务中的许多困境。

因此，国内社会工作专业性的发挥、发展方向，同样深刻地受到不同阶段国家宏观制度的型塑，其表现也随之而变化。国内社会工作的职业化专业化进程已经告别了无岗位时代，在体制内外的岗位或项目中，社工已经做了不少专业性服务并取得了可喜的成就，越来越得到国家和社会的认可。但同时也更应该看到，专业性的发挥依然不理想，社工被行政化和被边缘化、专业性难以发挥、专业成为一个道具等现象还存在。上述梳理中已经看出，造成社工专业使用困境的原因比较多样，既可能是政府的干预，也在于市场竞争、绩效考核，即市场逻辑与行政逻辑都冲击着专业性发挥，这与西方国家社会工作所面临的冲击很类似。同时，除了外部冲击或不利影响外，还在于社会工作专业力量的内部，缺少一个整合性的服务体系、整合性的技术服务模式及统一的福利意识形态。笔者认为，这些研究成果已经达到了较高的水准，已深入到行动者、机制性、制度性、结构性等层面做分析，但其在原因的解释上也是各画其说、未能整合起来，并且只是针对于专业发挥不力的现象做解释、而未能解释专业取得进展的那个好面向。从根本上来说，是在于这些解释未能对社工使用制度的形成或实践形态予以足够的重视和全面的理解，因此也就不能结合制度与行动者的双重分析视角，来深入揭示该制度的形成过程及各行动力量之间的互动博弈。笔者再次强调，只有牢牢把握住社工专业使用制度究竟是一种什么样的实践形态这个问题，才能廓清误解、增进更深的解读。社工专业使用制度的形成有赖于各方行动者博弈互动的场域，多重制度逻辑、行动机制参与其中，其某种暂时性结果的呈现即为所观察到的专业性使用现象。

## 三、制度实践的理论述评

社会学从诞生之初就把制度当作了分析重点，涂尔干（1995）就曾指出，“可以把社会学界定为关于制度及其产生与功能的科学”。一直到帕森斯的结构功能主义范式当中，制度都是核心概念之一，在其理论体系中占据重要位置。但随着帕森斯理论的破产，制度分析在主流社会学中沉寂了一阵，直到上世纪 70 年代末它才开始了强有力的复兴。社会学制度分析学派坚信制度安排、社会背景、社会过程至关重要；强调了制度设施对经济行为、政治行为、社会现象的重要影响，制度能够形塑行为（张永宏主编，2007；鲍威尔、迪马吉奥，2008）。

当代的这些新制度理论内部并不统一，学科之间有差异，学科内部也同样没有达成一致，大体上学界还是喜欢以学科来划分类型：经济学的新制度理论、政治学的新制度理论、社会学的新制度理论（斯科特，2010；鲍威尔、迪马吉奥，2008）。另外的一种分类中，理性选择制度主义、组织分析的新制度主义和历史制度主义可能是最为常见的几个流派；这三大流派还于1990年代分别出版了各自的经典论文集，代表着学术地位的树立，也方便了学术交流与继承。按照斯科特（2010）的看法，新制度理论的突出特征在于优先强调社会结构的连贯性和制约性，但并不必然排除对个体行动者创造、维持和转换制度的各种行动方式的关注。“制度的力量可能是解放性的，也可能是制约性的”（斯科特，2010），在强调制度具有制约选择与行动的同时，也要重视制度能赋予行动者权力、对行动有使能作用。在关注合法化、社会再生产过程等主题的同时，也加大了对变迁、利益与权力、效率等问题的研究力度，并力求协调合法性视角与竞争和效率视角；在强调规则和惯例产生秩序并使不确定性最小化的同时，也认为制度安排的创造和实施是一个充满了矛盾冲突和模糊性的过程（迪马吉奥、鲍威尔，2008）。新制度理论已经趋于成熟，它从决定论走向了互构论，从对制度稳定的研究走向了对制度变迁的研究，并开始强调理性与非理性要素之间的相互依赖（斯科特，2010）。有关新制度理论发展的情况，可以参考美国社会学家斯科特（2010）的著作《制度与组织》一书[14]，他对新制度理论的研究成果作了很全面的梳理，涉及制度的概念范畴及要素架构、制度的建立、制度化、制度过程及后果影响等

14 本节对制度研究的文献综述，很多参考了斯科特该书，也同时参考了斯科特与戴维斯（2011）的《组织理论》一书“环境的组织”那一章节。

各方面内容与成果。尤其是他结合各种视角或流派，给制度下了一个综合性的定义，将制度界定为由符号性要素、社会活动和物质资源构成的持久社会结构，“制度包括为社会生活提供稳定性和意义的规制性、规范性和文化—认知性要素，以及相关的活动与资源。”（斯科特，2010）他的这个定义挺有影响力，富有启示意义。不过就本书所关注的制度实践这个主题而言，显然分析对象是制度本身而非制度的影响后果，故不予考虑制度影响方面的文献，同时也由于强调已经付诸于实践运行的制度，故还不考虑制度建立 / 形成方面的文献。笔者所关注的制度实践，包括制度稳定与维持（或制度再生产）、制度演变（或制度变迁）这两个方面，故文献也集中于这两块。

## 制度实践的两种路径及研究述评

从概念本身而言，制度就意味着稳定性和持续性，它能自我维持、自我修复、实现再生产。早前新制度学派很自然地认为制度能对人们与组织施加重要的影响，提供合法性，一旦形成、不需努力就能自我维持，较少关注制度持续问题。对此，朱克尔（2008）是这么解释的，“被制度化了的要素会日益被嵌入行动者之间的网络中，任何一个要素中的变革都会遭到抵制，因为这种变革会牵扯到整个相互关联的网络要素。”以至于有些人以为，制度主义应该很擅长解释制度的粘性、惰性、稳定性或路径依赖的特征，但事实上学界后来才终于认识到制度的稳定与持续并非自然而然，为此像朱克尔（2008）还特意提醒要去研究“去制度化”情形。针对制度的持续、自我强化或再生产等问题，学者们花费了不少努力，多数是站在了结合结构观与能动观的中间立场去思考。其中，有些学者强调了下意识的、视若当然的、界定社会实在的预设在制度持续中的作用，不需有意识的努力动员，信念、“客观化”的实践就能让当中的参与者服膺并再生制度；另外的学者则发现，既由他人内化、又由他人实施的共同规范对制度稳定具有重要影响；还有部分学者指出，某些制度代理人运用其权力，通过制裁、奖惩等有意识的控制手段，也能让制度维持更长的时间。鲍威尔（2008）总结出制度的持续或再生产有四种途径：通过实施权力；通过复杂的相互依赖；通过被视为当然而接受的假定；通过路径依赖的形成。它还指出，“某种制度秩序一旦得到支持并固定下来，就往往会重构自身，构筑屏障防止自己受到外界的影响，已经制度化的事物会表现出相对的惰性，会对变迁意图进行抵制。”斯科特（2010）进一步认为，制度要得以维持，还在于一系列机制的支撑，比如路径依赖能延续制度，背后就在于有一个激励机制在发挥作用：对坚持同样的方向予以奖赏，替代路径则增加其成本；而规范、价值观等准则要素能持续影响，则在于身份机制的支撑，关系合同、社会网络等社会形式让人们能共享并内化规范、信念之类，并让人们知晓自己是谁？情景中适当的行为方式是什么？文化—认知性制度的繁荣，则在于“把文化—认知性思想当成真实的和当然的主张而接受”的人们之间日益扩展的网络。其他如认知框架塑造、理论化、重新组合、居间谋利、动员机制、强制机制等各类机制，都帮助了制度的持续或再生产。

在关于制度的持续性研究中，学界尤其对权力、利益的重要性进行了考察，如斯科特（1987/2007）曾指出，某类行动者能够决定某环境中制度结构的统治形式，很大程度上取决于竞争性利益之间的政治争夺。迪马吉奥（1988/2007）认为，制度化是行动者为了完成他们的目标而做出的政治努力的产物，制度化意图的成功以及由此产生的制度形式，取决于各种支持、反对或竭力影响它的行动者之间的权力对比[15]；制度的运行从来就没有脱离过拥有不同程度权力的利益群体的干预，制度的延续往往是“需要与不需要它的利益群体竞争的结果”；制度变迁若危害到强势者的利益，一般不容易成功[16]。理性化的现代社会中，制度往往是利益导向的能动性行动者进行权力博弈后的理性设计产物，不过设计意图能否实现却受到多种、多阶段的因素影响。很多能动者会参与新制度的建构[17]，也对既有的制度和过程会施加各种影响，其中与国家关系密切的行动者影响力都较强，政府和专业人员是制度建构、运行、变迁的过程中最重要的两个能动者(迪马吉奥,鲍威尔,1983/2008）。另外，经济学家诺斯（1994）依据对路径依赖的分析发现，制度在建立运行后，可能会形成一些与现有制度利益攸关的利益集团，他们强大而有力，在现存制度结构中处于影响制度变迁方向的权力地

15 拉奥对美国消费者保护组织的制度化过程的研究发现，原先在20世纪初有两个协会，偏激进的一个和偏中立的一个。但在保守媒体和政治实体的压力下，激进一方放弃其主张，与另一方合流，同样开始用科学、无偏见的方法来评估消费品，从而呈现出制度化的现行样态。（转引自斯科特，2010）

16 比如在奥斯特·罗姆（1992）等人编写的著作中，就有学者举了个泰国灌溉政策的例子，提及重要人物的净利益与社会利益的冲突，导致了当地政府引入投资的失败。考察统治精英的政治经济成本与利益，是解释制度变化的性质和范围的关键。

17 虽然本书不专门去综述制度建立/创造方面的文献，但也应该指出人为地把制度创造从制度实践中舍弃确实有些可惜。同时，制度创造也并非仅仅是决策设计，而可能是一个长期持续的过程，过程中的博弈互动非常值得分析。比如迪马吉奥（2008）关于美国艺术博物馆发展为研究的案例，就非常有意义，文中特别指出在各种博弈互动中，专业人员在场域制度化过程中始终居于中心角色的地位，证明了能动和利益在制度场域的建构中很重要。这些对笔者思考制度实践也有很重要的启示意义。

位，以自己的利益来影响实体，强化现有制度，由此可能造成无效制度的持续存在。

尽管把制度变迁与制度创造区分开似乎有些武断，不过从分析的精细化角度看也是值得的。学界对制度变迁应该说做过很多的研究，尤其是经济学家诺斯（1994）等人取得的成就已经算是具有突破性意义了。制度变迁主要是指既有的一套制度如何受到挑战、逐渐失去合法性或不能扩散，被新制度所取代等（斯科特，2010）。林毅夫（1994）将制度变迁的类型划分为两种：诱致性制度变迁和强制性制度变迁，前者是行动者回应由制度不均衡引致的获利机会时所进行的自发性变迁，后者由政府命令和法律来引入并实施。在当代中国，后者比较常见。杰普森（2008）则把制度变迁分成四类：制度形成或产生、制度发展、去制度化和再制度化。在此，我们关注的应是后三种。根据郑文换（2015）的梳理，关于制度变迁的解释大体分为两类，一类是政治经济学的解释，一类是新制度主义的解释。前者主要包括强调行动的利益集团理论以及以阶级关系为基调的相关理论；后者则根据新制度主义的流派不同而研究取向也不同。比如社会学制度主义者认为，研究制度变迁可有两条线路，一是研究某种制度框架内部的制度变迁根源，如制度矛盾；[18] 二是从那些尚未制度化的过程中研究制度变迁的根源，提出集体行动的侵扰、利益因素驱动、实践的即兴创作、组织学习等概念。而经济学新制度学派的代表人物诺斯（1994）指出，一种新制度只有

18 美国社会学家鲍威尔（2008）提出，制度变迁和创新的根源一般来自于场域边缘；制度在限制或否定一种可能的机会的同时，又会提供另一种可能的机会，即制度暗含有变迁的辩证法。

在创新的预期净收益大于预期成本时才会被采纳，他认为制度的变迁关键在于相对价格的基本变化，历史上相对价格变化的最重要根源是人口的变化，其他如技术变化（尤其是军事技术的变化）、信息成本的变化也是根源之一。有学者补充说，要进行成功的制度变迁，不仅有赖于制度支持者所控制的资源，也有赖于权力的性质，还有赖于提供、分配、控制资源的具体制度规则。权力的制度性质不仅为制度再生产，也为制度转型提供了特定的机会（弗利南德、阿尔弗德，2008）。除了制度扩散、制度重构、制度替代之外，学界还考察了“去制度化”，认为一种制度的“去制度化”，不仅与人们认识到“其是无效的”有关，还与一种有挑战性的替代性制度逻辑的出现有关。学者奥利弗进一步分析出，有三种压力可能会导致去制度化：功能的、政治的与社会的压力（转引自斯科特，2010）。

大量的研究案例出现于制度变迁的研究中，以给上述理论性见解增添经验色彩如哈夫曼和拉奥研究了美国加州互助储蓄的历史变革，如何由早期的“自给自足模式”到后来被公司模式所取代，特别强调了当中的制度逻辑变化及组织形态变化（转引自斯科特、戴维斯，2011）；西蒙斯和英格拉姆（1997）则分析了以色列的社区公社“基布兹”，如何由社会主义的原则组织起来而最终却变成为一个背离其初衷的非社会主义、以雇佣劳动为主的组织；拉奥等人则在社会运动和制度理论的指导下，考察了一批具有革命精神的法国厨师，如何引入新的饮食美学取代了传统烹饪的过程；斯科特（2008；同时参考斯科特，2010；斯科特、戴维斯，2011）及其同事以美国旧金山湾区的医疗保障系统为案例，侧重分析其中制度逻辑和治理结构的演变，强调伴随着治理安排和文化信念的变化，以及当地人口结构的变化等，医疗保健服务组织也发生重大改变，即制度环境中支配性制度逻辑不同，场域内行动者的行为模式也会随之调整变化。这些经验性的研究案例，都很详细地阐述了制度变迁的动力、机制、过程等，尤其是对各类行动者在变迁过程中的能动性及相互争斗予以了极大的关注。这种对行动者复杂性的考察、对利益与权力的思考，可以破除“极端现代主义”的简单化思维，也可以突破割裂看待正式制度与生活领域的观点，更深入于内部去分析制度实践与变迁的复杂过程（肖瑛，2014）。当然，有研究也特别指出，“在任何一个社会中，处于操纵地位的组织对从属性组织的机会都具有显著的影响”（布林特、卡拉贝尔，2008），现代社会中政府往往是处于操纵地位的组织，拥有合法性强制的能力，因此其偏好也能决定着很多制度变革的路径和速度。

## 制度实践的含混性及研究进展

结合两方面的文献来看，制度的维续与再生产突出了制度自身的约束力与惰性，并能生成利益集团依附其上；制度演变与变迁则更明显地反映了利益与权力在其中的推动作用，看出制度内部各行动者之间的博弈互动。两块内容都以制度为研究对象，共同强调了行动者的能动性，反映出制度研究对行动者分析的吸纳以及解释力的进一步增强。不过，在制度实践中再生产与重构这两个面向本身也是一对矛盾，反映了制度的复杂性、多面性，现实中也更加难以区分这些。以至有学者说，制度内含相互矛盾性，合法性获取的同时又提出了去合法性的批评，“制度化即使不会播下自我解构的种子，也会为实质性的变迁打开一个缺口”（迪马吉奥，2008）。现实中制度环境多是片段的、充满着矛盾的期待性要求，场域中多重制度逻辑及行动过程并存（周雪光、艾云，2010）。因此，在现实中制度实践的很多情形既非制度的简单再生产或维持、也非制度的根本性变革或重构，而是介于制度维持与变迁之间，或者兼具二者特性。这代表着制度实践的多变性、含混性，如学界常常提到的“制度的形式与实践脱节”“制度偏离”“形式主义”“目标替代”等现象或情形，就是如此。

对于这些含混的制度实践，国际学界做出了很多精彩的分析。尤其是如果将组织也看作为制度，那么组织分析的新制度学派（梅耶、罗文，1977/2008；迪马吉奥，鲍威尔，1983/2008；等等）所做出的一个重大成果，就是强调了制度形式与实际运行的不一致，指出正式制度安排可能与组织运行绩效无关，但依然在合法性机制的作用下予以了“形式上”的落实。他们所谈的制度实践是指正式制度所包含的各形式性要素在组织层面上都具备了，至于这套正式制度安排能否带来实质绩效可存而不论。在公共行政研究领域，对政策执行 / 实施研究的实际上相通于制度实践的研究（参考丁笑炯，2005），这类研究主要是考察政策执行偏差即政策目标与实际结果之间的差距（参考贺东航、孔繁斌，2011；朱亚鹏、刘云香，2014）。[19] 国内的制度实践更具有含混性、模糊性、多变性等

19 公共政策研究分析政策偏差最为常见的思路是“自上而下”法和“自下而上”法，前者认为偏差根源于上级控制与管理的失效（丁笑炯，2005；贺东航、孔繁斌，2011），后者则认为根源在于基层自主性的过强，尤其是“街头官僚”对自由裁量权的利用（周雪光，2008；朱亚鹏、刘云香，2014）。美国学者巴得克还借助于博弈论视角，强调政策执行有效与否，取决于各方参加者的“战略”选择，即各方都力求最大化收益而最小化损失（转引自庄垂生，2000）。普瑞斯曼和威戴夫斯基则分析了“联合行动的复杂性”，指出如果政策有众多的参与者并对将其对政策的不同理解都付诸于行动，则会造成“实施缺陷”这样的副作用，参与的人越多，政策越可能“走样”（转引自Michael Hill & Glen Bramley，1986）。西方学者还曾以阶级理论、利益集团理论、国家自主性理论等，尝试分析“政策失败”的现象。这些关于政策实施的研究，对于我们理解制度实践有着重要的启示意义。

之类特征，例如“上有政策、下有对策”“变通”“通变”“政策执行中的非正式行为”“基层政府间的共谋行为”“制度转换”“社会服务内卷化”“制度异化”“制度弹性”等情形较为常见，国内学者对此做出了很多非常深入的研究[20]。国内这些研究的共同点除了都进行了深入细致的现象描述外，还重点揭示了制度实际运行中相关行动者的策略性应对、不同利益诉求及相互之间的力量较量。这是对制度实践中复杂行动者因素的引入思考（肖瑛，2014），对揭示我国社会结构变迁的微观动力机制有很大帮助。

在此，以下几个研究成果要重点予以介绍。一个是“制度与结构变迁研究课题组”（1997）关于制度运作中“变通机制”的研究，认为制度形成与实施交织在一起，共同构成制度运作的过程，制度常常在实施中被重新界定和调整，即存在“制度变通”；“变通”不是对原制度的全部改变，而是一种部分的、至少在形式上仍与原制度保持一致的改变，其最微妙之处是它对原制度的似是而非全是。通过“变通”机制，一种制度创新沿着“自下而上”的路径，通过实际绩效的取得而获得合法性，并借助于变通正式化程度的提升和变通的扩散两个环节，最终变成为新的正式制度。该研究对分析自下而上的制度变迁富有启示意义，我国改革中确实有很多的制度创新是先获取实质绩效，而后再被上级认

20 国内这方面的研究较为丰富，可重点“参考制度与结构变迁研究课题组”（1997）；孙立平、郭于华（2000）；应星（2001）；周雪光（2008）；刘玉照等（2009）；艾云（2011）；蔡欣怡（2013）；冯小（2014）；林雪霏（2014）；吴月（2015）；周孟珂（2016）；孙嫱（2016）等人的研究成果。另外在国内的公共政策研究中，主要分析政策“变通”，认为它是制度设计的原则性与执行过程的灵活性并存的结果（陈振明，1998；贺东杭、孔繁斌，2011）。

可，获得合法性而上升为正式制度。另一个研究所考察的事实刚好在路径上与之相反，考虑的是一个已获得上级政府认可、合法性已经确立的新制度如何沿着“自上而下”的路径被逐步落实，这被刘玉照、田青(2009)称作为“通变”，意在强调制度实施的过程与制度设计的过程不同，它往往是“先通后变”，先获得合法性，然后再逐步落实。首先通过改制运动实现“形式绩效”，然后再通过认知结构改变、利益博弈格局调适等一系列的过程和机制，经过“反复性实践”而最后变为现实，实现“实质绩效”。这种自上而下的制度变革在我国也同样普遍，“通变”机制很精妙地阐述了其中的内在机理。该文也对制度落实过程中合法性机制发挥作用的具体过程及环节做出了细致的描述，但在对行动者及其互动的分析、相关制度性逻辑的讨论上则显得不够。卢晖临（2015）提出了一个整合了结构、文化和行动的理论框架去分析制度的实践。以有明确意识形态指导、由强大国家政权推动的人民公社制度为例，讨论这个新制度在实践落实的过程中，通常被视为“被动接受者”的农民其实对该制度的实践形态做出了重大贡献，他们创造性地“动员”既有文化资源“农民平均主义”、选择性地吸纳社会主义新原则，从而建构了人民公社制度本身。这个研究对本书极有启发，但由于其偏重文化因素的探讨，而对制度实践过程中行动者之间互动过程的揭示则稍显不足。前两项研究是在探讨取得实质绩效的制度变革（虽关注相反路径），能否应用于未达成实质绩效或效果有限的制度变革是存疑的。笔者认为，制度实践及其实质绩效可能是个连续谱，有多种情况存在，有一种制度实践要特别予以重视，即前文所说的“制度实践的陷阱”，它并不能简单地视为“制度的走形”。

# 第三章　研究设计：一个综合分析框架

一、理论框架：行动者—制度分析

二、研究思路的阐述：家综社工专业使用制度的实践

三、研究方法的说明

# 一、理论框架：行动者—制度分析

本书以制度的实践运作为研究主题，讨论的既非简单的制度再生产，也非导向预期结果的纯粹制度变迁，而是介乎二者之间、两种情况都沾边的新型制度重构。笔者认为，新制度付诸于实践后几乎很少能按照预期轨迹顺畅地运行下去，总会受到各种因素、力量或机制的影响，从而发生制度的演化与重构。即使能如预期，也同样可能是运行过程中所牵扯的各种因素之间展开互动的重构性产物，而不是简单的制度复制或再生产。如肖瑛（2014）所言，“制度实践不是正式制度的各级代理人单向的诠释和操作，而是在正式制度代理人的治理诉求与生活主体的行动策略互为情境中展开的，情境差别会让同一现象产生出不一样的制度实践结果。”制度运行后可能出现如预期的制度再生产或预期的制度变革，但也可能面目全非，在实践中总会有很多微妙多变的过程。同时，受学界关于制度变迁研究中“变通”或“通变”机制的启示，本书所关注的制度实践首先具有“通”的面向——该类制度为政府自上而下推行并符合社会需求，即具有合法性，但在“变”这个面向上则是未定的、难以预计的，这个“变”的形态还可能在中途就被定型化。制度在实践运行过程中总是会发生或多或少的演变，可能呈现不上不下的特征，这类似于孙立平先生（2012/2014）所谓社会“转型陷阱”的特性，在本书故称为“制度实践的陷阱”。如前所述，它也可被看作是制度实践连续谱中的 类，本书分析制度实践但重点在它。

探讨制度实践，总是要去分析制度实践所牵涉的各方力量及各类互动，要去揭示内在过程、机制勾连及各种权力关系，还要去考察制度实践的某种形态定型及外部显现。笔者以为，思考这些问题正好可以用组织分析的新制度主义作为主要的分析工具，同时补充上法国决策分析学派关于行动者、游戏、系统等概念的思考进来，二者结合将能极大地帮助推进对制度实践的微妙多变过程及样态的分析。因为组织分析的新制度主义（斯科特，2010；鲍威尔、迪马吉奥，2008）已经告别了以往决定论、轻视理性与效率、轻视利益与权力的单一面向，破除了传统社会学的很多二元对立；它吸收了当代社会学理论认知转向的很多理论成果以及综合取向的路径，尤其是对吉登斯结构化理论（吉登斯，1998）、布迪厄反思性社会学（布迪厄、华康德，1998）进行了很好的思想借鉴，在坚持结构决定取向的同时也特别强调了建构性、能动性的特征，以互构论的面貌回应了当代社会学理论的最新潮流。法国决策分析学派（克罗齐耶、费埃德伯格，2007；费埃德伯格，2005；李友梅，2001）也正是要破除个体主义方法论和结构决定论的二元对立、理性与非理性的对立，结合行动者分析与系统分析，推进了对集体社会现实的把握。[21] 二者在本体论、实质理论及方法论上有许多相近且可以结合之处，对于复杂多变、不可预见的制度实践正好能提供有力的理论思考和分析工具。

整合两派思想中的某些观点，并借鉴布迪厄关于场域的某些看法，

---

21 以下一段引述较好地呈现了法国决策分析学派的看法，“当行动者游离于系统之外时，他实际上是不存在的，因为正是系统在设定行动者的自由度以及他在自己的行动中可利用的合理性。但是，系统只是通过行动者而存在的，因为行动者是唯一的系统支撑者，是唯一能赋予系统生命，并且能让系统发生变化的要素。”（克罗齐耶、费埃德伯格，2007）

本书在思考制度实践时坚持如下设定：

第一，制度的实践与运行发生于场域之中。场域可被定义为在各种位置之间存在的客观关系的一个网络或构型。不过此处的场域概念已经突破了布迪厄建立于资本禀赋基础上的力量对比的限定（布迪厄、华康德，1998），其内含的权力关系已相当宽泛、多样、不可预见性，具有生成性的特点。场域构成了一个公认的制度生活领域，表明一种组织共同体的存在，各参与者彼此之间的互动频繁性明显高于与场域之外的行动者，并共享了一个共同的意义系统，治理系统与制度性逻辑是当中最为核心的两类要素（迪马吉奥、鲍威尔，2008；斯科特，2010）。每个场域都具有一种相对独立性，各自具有不同的“逻辑和必然性”[22]，是现代社会分化后的一个个“社会小世界”（布迪厄、华康德，1998）。当然，场域中包含有各种隐而未发的力量和正在活动的力量，是一个争夺的空间、是权力关系的竞争舞台（布林特、卡拉贝尔，2008），会生发出多个博弈式“游戏”。“游戏是人们为了规范他们的合作而设立的工具”，游戏各方都是自由参与的，但如果想获取利益，则要按照游戏的属性和规则去寻求合适的策略。每一种游戏都是一种建构，随环境条件而变化，而个体行动者往往同时参与了很多不同的群体与游戏（克罗齐耶、费埃德伯格，2007）。游戏者之间的力量关系状况会决定某个场域的结构，其中一些行动者会比其他行动者占据

22　正是对一致性、共识或逻辑必然性的强调，让本书用了“场域”概念而没有用决策分析学派的“具体行动系统”概念，因为制度实践总是要求参与其间的各行动者对制度本身有共识或一致性看法，哪怕是程度很小，而在这点上具体行动系统是不预设共识的。

更有利的位置，但结构并非稳固、一成不变的，争夺始终都在，各方总是力求继续或变更场域的构型（布林特、卡拉贝尔，2008）。场域的界限也呈动态特征，它是场域内斗争的结果也是引发斗争的关键，由此每个场域构成一个潜在开放的游戏空间并变动不居、复杂难测（布迪厄、华康德，1998）。

第二，场域中的行动者并非被外力机械地推来扯去的“粒子”（布迪厄、华康德，1998），也不是文化模板所塑造的被动接受者，而是有知觉、有资源、积极行事倾向的能动者，能对技术环境和制度环境进行策略回应，会以各种不同的方式去应对制度、环境的要求，如或遵从或反抗等等之类的策略[23]（克罗齐耶、费埃德伯格，2007；斯科特，1991/2007；斯科特，2010；斯科特、戴维斯，2011）。如果按照法国决策分析学派的看法（克罗齐耶、费埃德伯格，2007；费埃德伯格，2005；李友梅，2001），则行动者都更是有着积极行动能力的存在者，“所有的人首先而且最重要的是有一颗能思考的头脑”。他们是利益涉入、精于计算、具有策略本能的行动者，总能保有“一种不可削减的自由余地”，并借此获取可作为行动能力的权力。即使位于强加了诸多制约的框架中，行动者也能利用或创造种种机会，去做出各类选择；人类行为从来不是被决定出来的，也不是可完全预见的，它是自由的产物，始终依据环境条件而变化（费埃德伯格，2005）。同时，场域或制度

23 有研究甚至发现，组织场域中的制度系统不是由外部权威所建立或从大文化体系中引入，而是由参与其中的行动者通过努力而系统地创建；当然，行动者也会受此过程的集体约束（格拉斯契维茨，2008）。

环境中的行动者也非铁板一块，各个行动者之间可能会彼此竞争，在受到制度约束的情况下他们追求自己的独特利益（布林特、卡拉贝尔，2008）。他们对制度也抱有并非一致的意图、期待，且这些价值期待、意图会随着制度的实践运行而重新解释、塑造。斯廷克库姆还明确指出，人们只有占有和保持权力，所拥护的制度或价值观才能得到保持，并维护住自身利益，权力占有者就往往会通过多种方式试图再生产有利于他们的制度（转引自斯科特，2010）。另外，行动者之间也是分化的，依据他在环境中发现的机遇和他把握机遇的能力来做出行动。通常，一些行动者会比其他行动者占据更有利的位置，处于操纵地位者总会对从属者具有显著的影响。根据迪马吉奥和鲍威尔（1983/2008）的观点，现代社会中，政府机构和专业人士是两类最主要的制度规则和框架的生成者，或者说制度化的推动者。特别是政府，作为掌握“元资本”的权力场域，可以通过对不同场域中流通的不同形式的资本施展权力，并决定不同种类资本之间的兑换比率，从而可能实现对其他场域的治理（布迪厄、华康德，1998）。

第三，现代社会中，理性化的制度并没有构成一个完整的系统性整体，而是分化的、多样的、可供选择的，相互间既可能互补也可能矛盾（梅耶、罗文，1977/2008；弗利南德、阿尔弗德，2008；周雪光、艾云，2010）。比如前面所分析的海外社工专业使用情况，就能发现专业性制度逻辑、行政性制度逻辑及市场制度逻辑之间的博弈。在某个具体场域中往往会有多种制度参与并相互作用，可能某个制度成为首要的而主导了场域运作，也可能是各个制度独自发挥影响力。各种正式制度也并非先验地系统性存在，而是实践中围绕特定事件或诉求而松散地结合在一起的结果，为各种权宜性行动创造了可能（肖瑛，2014）。制度作为社会的一种博弈规则（诺思，1994），确实对各类行动主题的生存和发展起着关键性的作用。因此，制度能塑造或诱发某些特定行为模式的重复出现，由此也似乎可外在于个体而独立存在，但实际上它需要通过个体间互动才能形成并得以维持。同时，实际生活中的某个制度形式，如斯科特（2010）对制度的综合性定义那样，它并非是其中一种单独的基础性制度要素在起作用，而是由规制性、规范性和文化—认知性等各个要素形成于不同的组合，共同发挥作用。不过在现实中，这些制度要素之间并不必然能很好地结合，它们所提供的资源同样可能会被不同的行动者用来获取不同的结果，从而造成混乱、冲突乃至引起制度变迁（斯科特，2010）。制度的运行与作用并非单向化，也有着动态性变化。

第四，制度的确具有连贯性并制约个体行动者，但行动者也能创造、维持和转换制度。每个行动者既适应环境、规则，又在建构环境、规则（费埃德伯格，2005）。通常，“制度框架界定了目标，塑造了人们确定和追求其利益的手段”（斯科特，2008），制度通过影响信息和资源的可获得性、塑造动力、建立社会交易的基本规则来影响人们的选择而发挥作用（奥斯特罗姆等，1992）。但制度舞台更中心的位置却是被利益计算的行动者所占据，“制度化是行动者为了完成他们的目标而做出的政治努力的产物”“制度化计划的成功以及由此产生的制度形式，依赖于支持、反对或竭力影响它的行动者的力量的对比。”（迪马久，2007）。同时，制度不仅通过准则与规则发挥约束作用——大体框定行动方式及原则，凭借其认知性框架要素还更具有生成功能，会引导

“行动者的组合与组合的方式，以及行动的机会”（斯科特、戴维斯，2011）。这意味着对行动者而言，存在有多元的行动路线或选择集合。而不同制度机构的权力清晰度和强制性差别也很大，使得参与者对它们的理解和执行有空间余地，面对制度压力时他们有自主选择权，可权衡后采取相应策略。此时多重制度或内在多个要素组合的单项制度都像是一个“工具箱”，行动者会利用不同的制度性逻辑或要素来满足自己的目的，有时内化遵循则形成趋同，而有时则利用其作为变迁的资源[24]（弗利南德、阿尔弗德，2008）。总之，由制度、行动者等多种因素互动而建构成的某个行动领域，其结构特性对行动者构成了条件性限制，但反过来又是行动者之间的互动及对制度性逻辑的援引，重组了行动领域及其结构。

基于如上设定，本书分析制度实践的理论框架是个多元组合，强调了场域情境下多重制度、多元行动者之间的组合与互动。具体点说，本书主张：某项新制度在一个开放的场域当中实践与运行，要遵循场域自身的规则和逻辑，并会受到其他制度性逻辑的竞争与深刻影响；同时制度本身也是内含有多个要素而组合形成，尽管能提供约束但更会被场域中所存在的各类行动者创造性地利用；这些因利益相关于场域而牵扯进来的行动者积极主动、又精于计算，并富有“策略本能”，他们依托所保有的自由余地、援引某些制度或某制度的内在要素，积极地建构权力关系、展开相互间的力量博弈，深刻调整着制度实践的

24 本书不否认制度本身的约束作用，认为一个新的制度一旦被确立，就会成为新一轮制度设计与变迁的基础和起点，这反过来也会强化制度本身的效应。

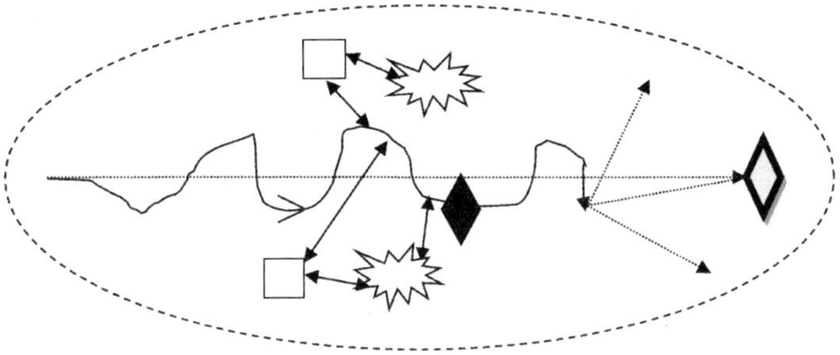

**图示说明：**
长方形——行动者
爆炸形——其他制度
大椭圆——场域
双实箭头——作用力

白色方块——制度设计的预期形态
黑色方块——制度实践的现实形态
实体曲线——制度的真实运行轨迹
虚体直线——制度的预期运行轨迹
虚箭头——制度实践的可能方向

**图 3-1 制度实践的可能轨迹**

运行轨迹。最终，制度实践可能重构出一个预期的样态，但更可能重构出一个非预期的、甚至反预期的样态。如此具体的过程，若简化处理后，则可以用图 3-1 来表示。

## 二、研究思路的阐述：家综社工专业使用制度的实践

以上述理论框架为指导，本书将围绕 2010—2016 年期间广州家综社工专业使用制度的运行进行经验分析，认为该制度并非仅仅按照原初设计而运行，而是在实践过程中会由于种种因素的影响、干扰而演变。自广州市府以项目制——街道家庭综合服务项目——来推进社会工作事业建设时，就意味着诸多行动主体或行动者开始主动或被动地介入到社会工作服务场域当中。社工的专业履职或专业使用也就不再

是位置占有者即社工的个体行为决定，而是深受诸多因素影响后的权衡性选择。家综社工岗位此时成为了一个角色丛，与一系列社会关系有了交叉，很多与该位置相关的行动者都牵扯进来，对位置赋予了各自的角色期待并会为此做出施为努力。支持、挑战、中立抑或其他态度立场都存在其间，各种力量之间的组合互动、博弈较量都可能出现，专业性的使用成了一个“游戏场”。也就是说，政府合法建立的社工专业使用制度，将运行于一个有着多重行动者的场域当中；不同的行动主体带着各自的利益、权力介入了社工专业使用制度的实践运行，创造性地援引或支持了该制度的某些要素，而某些其他类型的制度逻辑也依托于行动者的行为方式而权变性地出现其中（周雪光、艾云，2010）；这些因素之间相互勾连、博弈，最终让社工专业使用制度呈现出某种特殊的实践型样态，并予以了外在表现。专业性使用状况既可能是专业性进展顺利，也可能是专业性表面化、边缘化的外显情形等等。这是一种引入动态互动视角的理解，本书既考察专业使用过程中可能涉及的主要行动者及其利益，也分析场域中的各类制度逻辑，即将制度分析与行动者分析进行结合，并认为制度逻辑也体现在人们可观察的微观行为方式当中（周雪光、艾云，2010）。本书尤其重视互动过程中的权力关系问题，“将权力置于问题的中心”（费埃德伯格，2005），权力不是一种属性，而是涉及交易与谈判的工具性不平衡关系（克罗齐耶、费埃德伯格，2007）。各方行动者都力图增加自身的权力，“权力因此存在于权力关系各方参与者所支配的自由余地之中，即存在于一方所拥有的能拒绝另一方要求他做某事的或大或小的可能性之中”（克罗齐耶、费埃德伯格，2007）。

具体到经验材料上，就整个广州家综服务体系而言，依据相关文本规定，街居层面将改进社会管理与社会服务体制，由家综中心“按照社会工作的理念，为区域内个人和家庭提供全面优质的社会服务”。也就是说，家综中心是个专业性的社会工作服务平台，让社工运用其专业能力、发挥出专业服务的优势。所以，一开始家综社工的定位是专业人士；家综服务体系所涉及各方行动主体原初的功能关系如下图3-2所示：

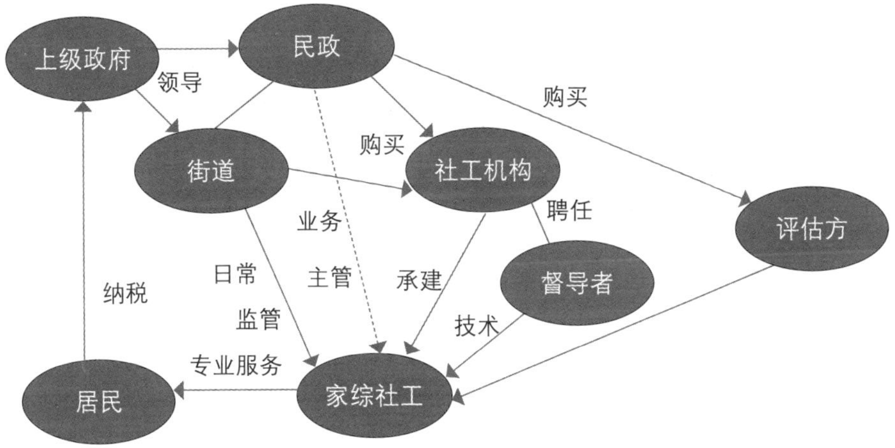


**图 3-2 设计中家综中心各方行动主体的功能关系**

随着实践推行之后，各相关行动者除了家综社工本身外，其他如市府/区府、民政部门、街道办、社工服务机构（及其运作的家综中心）、社区居民、专业督导者、专业评估机构、社区居委会等，都逐步介入了服务体系的运转。他们对专业使用社工都赋予了各自的角色期待，并努力施为以实现这些期待。从而，社工专业使用制度在运行的过程中，也就受到了诸多因素、力量的影响，被几类不同机制给勾连。不管该制度未来是否还能继续保证社工的专业性使用，恐怕都不是原初设计的样态，而是一种实践性产物。这种实践形态的制度正是本书所要去揭示、刻画出来的。结合前面理论框架的探讨，借鉴迪马吉奥和鲍威尔（1983/2008）关于“政府机构和专业人士是现代社会中制度化的两类主要推动者”的看法，我们初步认为，可以将家综场域中的相关行动者、制度及其逻辑依照国内的一些特殊情形（即与政府体制的粗略关系）予以如下分类：

体制内一方，可称为体制系行动者，包括市区府（上级政府）、民政部门、街道办、居委会等。它们都属于现行我国行政体制架构中的一部分，内部分工与等级体系也较为清晰，他们是普惠型福利制度的推动者，是社区治理创新、社区建设的重要推手。

民间的一方，称为民间系行动者，包括有社工服务机构、评估机构、督导者及社工、社区居民等。前三者更多是属于专业性力量，注重业务质量是其行动特色。社区居民在我国则相对比较特殊，后面的分析中会发现他们内部分化较大，在社会工作服务中的活跃者更多地其实是现行体制的依附者，因为其问题更多地是物质资源缺失所引发并附带有其他需求。不过，未来其对社工的服务质量要求也可能会逐步呈现。这几方行动者并没有明确稳定的合作关系，内部也存在有多重意图和利益诉求。

两个方面的情形可用下图3-3来予以表示。从下章开始，本书将依托于这两个方面的情形，结合行动者与制度及其内在的复杂互动关系来予以详细阐述。本书将对各制度逻辑及行动者期待做出揭示，刻画出当

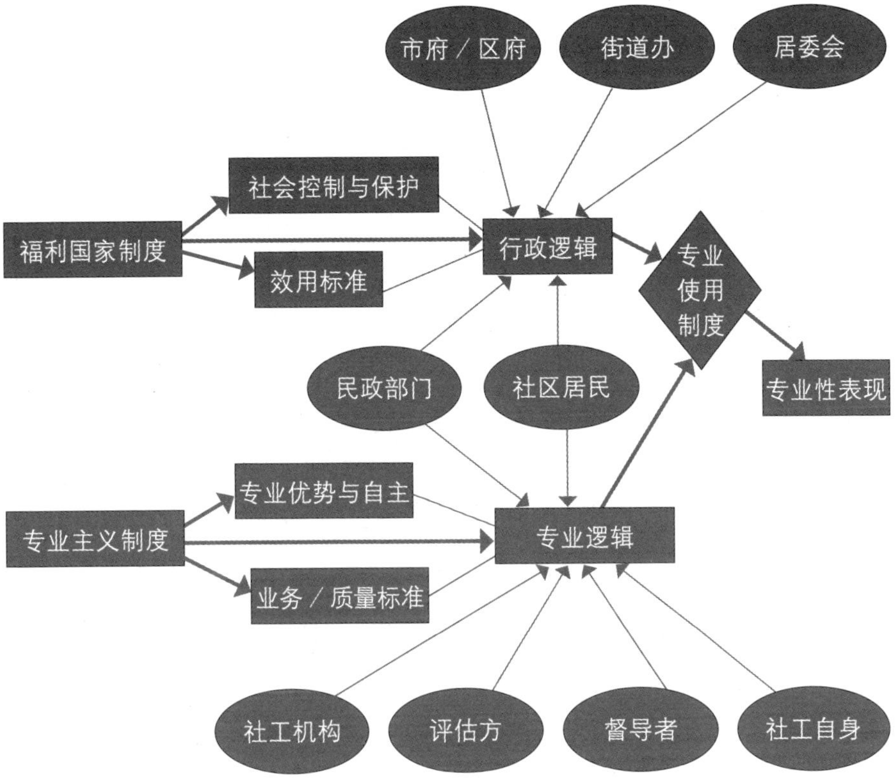


**图 3-3 制度—行动者之间互动及其结果**

中的复杂博弈。尽管有很多支持专业性使用的因素、力量，但也面临其他制度目标与逻辑、行动者利益的干扰，从而出现制度实践轨迹的变化。

## 三、研究方法的说明

基于前述探讨，本书以制度本身为研究对象、主要思考制度的实践形态如何形成，显然案例研究法在此是合适的。我们基于2010—

2016年广州家综的经验材料，考察社工专业使用制度的实践运作情况，符合了研究主题的要求。同时，广州家综社工专业使用制度已经走过第一个周期（三年）、运行了五年多，在国内社会工作实务界也以项目制方式运作而有着模式性意义。从制度实践的相关理论出发，去观察和理解广州家综的各种经验素材，又通过对材料的深究去修正已有理论，将理论与经验场景有机结合，最终完成对制度实践的深度分析。这是本书采纳案例研究法的缘由。本书将田野观察点放在了广州家庭综合服务体系的领域中，以实地研究为主要研究方式，在2010—2016年期间，重点对几个街道家庭综合服务中心进行观察，通过接触相关人群（尤其是一线服务的社工），结合访谈、观察等多种具体方法获取资料，并采用多种质性资料分析的手段，包括扎根理论的编码技术、逐步逼近法、举例说明法等等，对田野资料进行分析。整个资料收集过程都始终注意保证资料的真实性。

笔者在此还要较为详细地谈谈资料收集的过程。自2010年广州试点家综项目以来，当地社会工作得以快速发展。笔者也一开始就有幸参与了一些社会工作服务机构的运作，被聘为某几家机构的顾问；担任过几个家庭综合服务中心的外聘兼职督导者职务，其中有一个家综中心笔者从2011年那里开始试点小项目、到之后2012年变成家综大项目、一直到2015年第一轮三年周期结束，都全程在该站点担任了专业督导者，大约保持每周一次去家综督导的频率，真正保证了近距离观察一线实务社工的工作开展。之后于2015年下半年退出家综督导者后，笔者还有幸参与过某评估机构负责的家综项目评估，对评估流程从另外的角度获得了一些更确切的经验。除此以外，笔者还参与过当地某些政府部门关于社会工作相关政策文件的调研，参加过广州市及广东省内的行业性会议，获取更丰富的政策及行业信息。有时候，笔者也会自己去走访和参观某些家综中心，感受其日常运作并体会其服务情况。笔者的某些同事创办了数家社工服务机构并担任主要领导职务、系里全部同事都在家综中心担任过督导者、每年还定期送一批大三学生下家综中心实习，与他们的各种交流也获取了很多关于家综项目的经验材料。笔者也与毕业后从事社会工作服务的学生、早前督导的社工保持经常性的联系，交流某些观点、看法和信息。因此通过参与式观察、体验，感性经验和理性认识都积累了较多，既有对家综中心的运营三年一周期的全盘认识，也有对单个项目从筹划到完成的完整跟进，还有对社工日常工作的细致观察。且为了更好地聚焦于本书的研究问题，2016 年 3 月至 9 月，笔者还以立意抽样的方式，选择出了 20 名家综社工（既有普通社工，也有领域主管，分别来自于 10 个家综中心、8 家社工服务机构，其所在机构既有高校背景、也有企业背景的和社会组织背景的，还有街道背景的），对其进行了深度访谈，了解他们对工作中专业性发挥的认识和理解，并对其所在的家综进行观察及相关文档资料收集。当中也对其中 3 个家综中心的主任进行了深度访谈，完善对家综治理结构和运行情况的掌握；对 8 家中的 2 家社工服务机构负责人或高层管理进行了深度访谈，了解机构治理结构及对一线服务的认识。笔者还另外再找了两个家综中心，各有 4 个社工，分别开了两次座谈会，讨论一线服务的经验情况。笔者 2016 年末对政府官员进行深度访谈，只是和相识的官员有过简短的谈话或电话、短信、微信；2016 年 6 月参加过其中一次街道的家综调研，与当地街道办主任、分管家综项目的副主任分别单独座谈过，听其介绍街道治理创新和家综项目的情况。另外，在这个网络发达、个人信息资讯化的时代，不少社会工作者也会将个人服务经验、感想、体会等分享于互联网上，笔者也收集了当中与广州家综服务项目有关的资料，以更完整地呈现某些事实。当然，政府关于社会工作的各类政策文件，包括民政部、广东省、广州市及各区所涉及社会工作事业的规定，笔者也都进行了收集。除此以外，笔者还对2010—2016年期间基于广州家综经验材料的论文、研究报告进行查阅，特别对其中的访谈性、问卷性的经验材料进行了仔细的审读，并将其比对于本人所收集的信息，也可算作是“三角检测”的运用。在此，笔者也必须承认，采用上述各种方式来所获取的资料，可能会掺杂一些个人因素而不利于效度；在观察样本的选取上可能也会遗漏某些特定类型。为此，笔者尽量扩大样本及比对于他人的类似调研材料来予以化解这些困境。还有些资料的获取借助了日常聊天等较为随机的方式，可能影响严谨性、甚至准确性，笔者尽可能多次询问或找其他相关人士聊天来做三角检测。总体来说，本研究基本遵循了实地研究方式的要求来进行资料收集，目的是为了较为全面地把握广州家综社工专业性发挥的整体面貌、把握社工专业使用制度的整体运行情况，资料收集技术的具体应用能符合科学要求，所采纳的研究方法也能吻合于研究主题的需要。

本研究所涉及的资料包括有：一是参与式观察获得的笔记、备忘和录音资料；二是日常交流所产生的信息，有些靠记忆、有些有笔记；三是深度访谈、座谈会的各种材料，是录音或笔记；三是家综中心和社会工作机构所保有的文件、档案等资料；四是各级政府关于社会工作相关的各类政策、文件与规定；五是与广州家综有关的网络资料及相关论文中的访谈性、问卷类经验材料。出于研究伦理的考虑及对研究对象的保护，论文中所涉及的真实人名、组织机构名都做了符号化的匿名处理。注意，笔者在此要特别提示下，因为有些访谈资料来自于最近的集中访谈，有些则是笔者近年来做的笔记，所以在匿名处理上有差异：对于近期集中深度访谈的那20位社工，主要是用如“Z-T-C-领域主管-2016”这样的方式来表示，即“街道名其中字母＋社工机构名其中字母＋社工姓氏首字母＋职位（‘社工’或‘领域主管’）＋访谈年份”；对于笔记上的资料，则主要是如2015-社工C、2015-官员Y之类，“年份＋职位＋姓氏”来表示。研究将主要借鉴扎根理论的编码方式来整理资料，采用举例说明法、连续逼近法等策略辅助分析材料，重点是以新制度学派及行动者分析的理论来指导和推进解释，对各类材料予以深入的研讨。

# 第四章 体制系行动者及制度逻辑的分析

前已述及，国内专业社会工作的快速发展与我国福利体制转型升级关系密切，也与国内提倡柔性社会管理、社会治理改革创新、政府职能转变有着莫大关联。在社会工作事业的发展过程中，有多方行动者卷入其中，共同型塑着国内社会工作体系的面貌。广州社会工作走在了国内的发展前列，其社工专业使用制度的演进路径被选为本书的经验案例。下文将结合于我国及广州的行政体制、福利体制、社会民情、社会工作专业力量等方面的内容，聚焦于街道家庭综合服务中心这个游戏场域，思考各利益相关的行动者如何看待家综社工的专业性、赋予其何种角色期待、施加了型塑力？背后依托了哪些制度逻辑，或者说制度逻辑又如何互动组合？所有这些将最终可能给社工专业使用制度的运行带来怎样的影响？将分两章来讨论，本章先来看体制系的行动主体如何期待、影响家综社工的专业性使用，背后的制度逻辑何在？

## 一、功能框定：市府对专业使用的施为

如前所述，政府是制度运行的最有力推动者。我国社会工作事业及制度化的发展，也离不开政府的大力推动，政府主导是其突出特点之一（曾家达等，2013；姜海燕，2015）。尤其是从中央、到省、再到地级市层面，政府出台了各类文件，提供了大量的政策支持。其中，中央出台的《关于构建社会主义和谐社会若干重大问题的决定》(2006)、《关于加强社会工作专业人才队伍建设的意见》（2011）和《社会工作专业人才队伍建设中长期规划（2011—2020 年）》（2012）等三个文件是 2016 年前指导社会工作事业发展的最核心文件，规划了我国社会

工作体系的顶层设计。另外，还出台了很多配套性文件，既有关于社会工作专业人才队伍建设的文件，也有鼓励社会服务机构发展的文件。对文件的解读可以看出，国内中央政府推动社会工作发展的中心目标是服务于和谐社会的构建、社会管理的加强与创新，是对其宏观功能的期待。此类中央文件通常着眼于宏观层面的引导，不可能具体也不直接指导，但对于地方政府却也具有较强的框定意义和政策诱导意义。

## 发展社会工作是社会治理创新举措

中国从 20 世纪 70 年代末开始的一些改革主要先由省或地市政府来发动，之后如果被中央认可再推广于全国。所以，对省或地级市的各类政策、行政举措或制度进行观察，通常更具有实践意义和理论意义，毕竟它们推行的政策、设计的制度都往往能付诸于现实的实践。当然，和中央政策一样，地方的政策与制度设计也通常局限于宏观引导，具体执行大多交由基层政府去执行，并可能有基层试点，当然也可能是直接全面地推行于辖区。在此过程中，基层政府也很重要。鉴于广州社会工作体系的运行情况，从政府的角度观察，本书将考察重点放在两个层面：市级层面和街道层面政府对社会工作者的各自角色期待，本节先来看市府层面。

广州市以中国香港地区、新加坡为模板，根据民政部的改革试点建议，将社会工作看作是政府行政改革、社会治理创新的重要举措之一。当地社会工作的发展，首先是依据中央和谐社会建设、“建设一支宏大的社会工作人才队伍”等精神指示，重点则是依据《珠江三角洲地区改革发展规划纲要（2008—2020 年）》（2008）、《民政部广东省人民政府共同推进珠江三角洲地区民政工作改革发展协议》（2009），结合于本地实际，先后出台了《中共广州市委 广州市人民政府关于学习借鉴香港先进经验推进社会管理改革先行先试的意见》（2009）、《中共广州市委 广州市人民政府关于加快推进社会工作及其人才队伍发展的意见》（2010）、《推进我市社会管理服务改革开展街道社区综合服务中心建设试点工作方案》（2010）、《关于加快街道家庭综合服务中心建设的实施办法》（2011）、《关于进一步做好街道家庭综合服务中心建设工作的函》（2012），以及其他相关配套文件如专业岗位配置、财政支持、社会服务购买等。如此大规模的政策扶持，推动了广州社会工作迅速走到了国内前列。其中，广州社会工作事业的建设以政府服务购买的项目制为特色，重点是深入到街道层面，打造街道的家庭综合服务中心这一专业服务平台，为辖区内全体民众提供专业性的社会工作服务，并按照政府购买、民办社工机构承接运营的方式来予以实施。因此，市区两级政府、街道这个区派驻机构或准基层政府都是非常重要的政府行动主体，如前所述，市区两级政府在此纳为一体来观察，本节先行分析。

可以注意到，市府（包括区级）对社会工作的重视与推动，主要是宏观层面的原则性规定与指导，这点从上述文件、相关新闻报道、接触政府职能高层人士等方面都能明显觉察到。也与其他省、市级政府的情形相差不大，都是强调社会工作人才队伍建设的努力方向和工作领域，偏重于从中长期目标、工作原则、主要内容等方面进行宏观规划。市府出台关于社会工作发展的指导性意见，自上而下下达工作任务交由具体工作部门、基层政府、群团组织、群众自治性组织、社会服务组织或社会工作服务机构来予以执行。这些基层机构再进行分工安排，其中具体性的专业服务往往交由一线的社会工作服务机构来提供。在当地改革和现代化过程中出现了一系列的社会现象，如人口老龄化、部分城市家庭贫困、外来人口及其子女的融入等等，影响着当地社会的转型升级、均衡发展，必须创新性地引入专业的社会工作服务体系来进行应对。由社会工作服务体系来解决转型期的社会现象，帮助民众适应社会结构性变化，维护现状。也就是说，广州市府希冀于利用社会工作体系的专业化优势，在社会服务与社会管理上发挥巨大功能，更有效地回应多元化、复杂化乃至个性化的福利需求。并且，还希望社会工作系统能协助政府职能改变与治理方式变革，减少政府公共服务与福利成本，动员和组织更多的社会资源，且力争更有效率、更高质量和社会效益最大化。“对于广州这样的特大型城市而言，单靠政府包揽社会服务的思路，已经很难适应新形势下的社会快速发展变革的趋势。政府购买社会工作服务，作为广州市委市政府加快转变政府公共服务职能、激发社会组织活力、推进社会服务管理创新的重点工作之一，被列入党代会重点督办事项、市委全会重要议题及市政府民生实事。”[25]可见市府对社会工作发展和街道家庭综合服务中心建设的重视。同时，为了保证社会工作发挥出专业性，广州市政府也进行了大量的调研和出台了相应的政策来予以保证。比如在准入资格上

---

25　引自广州市民政局官网上的调研报告《广州市社会工作服务领域专题调研报告——广州市政府购买社会工作服务情况》（2015），由市民政局撰写并发布。

进行专业限定；强调并组织社会工作者进行专业性的入职培训和在职培训；注重专业评估督促等等。[26] 这些意味着，市府对社会工作者抱有多重的角色期待并有侧重点之分。

## 体制内还是体制外的发展路径

社会工作的发展可以看作是对既有社会保障体系的完善举措之一。发展社会工作、尤其是将其引入基层社区，不仅是在满足社会的现实需要，更重要的还服务于国家的经济和政治利益。比如，可以动员社会各类资源、替政府减轻负担，也能提供就业岗位、为经济提供缓冲等。要达到这样的设想，所需做的努力更多，其中像包括，政府花大量资金培训原先体制内的工作人员，如社区工作人员、群团组织工作人员、政府相关部门工作人员，让他们学习社会工作知识与技能，并尝试将社会工作服务结合到群众工作及公共服务工作中去。这类情况其实也反映了政府的另一个意图，即将社会工作纳入体制内的努力。也正是如此，广州市政府与国内其他地方政府一样，除了与民间社会组织合作、购买社会服务外，也非常重视体制内福利行政体系的转型与专业化，在体制内引入和发展专业社会工作。由于历史、体制和政治等原因，我国的政府行政体系和准行政体系（工青妇残等群团组织）承担了社会工作的很多职能，形成了比较庞大的“社会工作行政系统”（王

26 关于专业性机制的保障性举措，下一章节针对民政部门的分析部分中将会详细予以讨论。在此要强调的是，市府层面突出的是对社会工作体系的宏观指导，具体的业务指导与监督则交由了民政部门这个业务主管部门来执行。

思斌，2001）。这个系统内部结构复杂、人员数量庞多、专业性不足而行政化色彩浓厚，正遭遇着很多困境、面临着极大的转型变革压力。不过从我国注重宏观社会控制的政治制度特点来看，它将在内部调整和变化后，与专业社会工作系统长期并存，并可能深刻影响国内社会工作发展的路径。

从广州的情况看，街居制下的社区被看作是社会和治理的基本单元，社区成为了各种利益关系的交汇点和各种社会矛盾的聚焦点，也是社会建设的着力点和党在基层执政的支撑点。因此，广州选择将社区作为了社会工作发展的重点领域，街道及其他部门等体制性资源被整合与集中进来，最初的家庭综合服务中心也被定名为“社区综合服务中心”。设置该中心的目的是对公务系统和事业单位系统进行改革，按照管理、服务、执法“三位一体”的要求，来理顺基层社会管理服务体制与机制。家综中心被定位为“一队三中心”（是指综合执法队、街道政务服务中心、综治信访维稳中心、家庭综合服务中心）中的重要组成部分，专司服务职能：为街道全体居民提供全方位的服务。这样的定位既有看重家综中心柔性化社会管理的意图，更有将家综中心纳入体制内的想法。最初试点也的确是推行了两个模式[27]，其中的模式 1，是“由区政府或委托区民政局以项目管理和购买服务的方式向社会招投标，社会组织通过竞标取得经营权”，纳入体制的意图不明显；而模式 2，则“由街道办事处作为主管部门，成立民办非企业单位（独立法人）进行管理。原街道社区服务中心的事业编制、人员可

27　两种模式的具体规定可见广州相关政策文件。

转入街道的其他政务管理类事业单位或送派到社区综合服务中心工作，对送派到社区综合服务中心工作的原社区服务中心编制人员，仍按事业单位工作人员的相关规定进行管理。”这是体制性力量向现代社会服务进行延伸的非常典型的例子。只是实际中按模式2试点运行的家综中心，独立性和专业自主性都很差（黎熙元、徐盈艳，2011；朱健刚、陈安娜，2014），反映了原体制的弊端及对社会变革的不适应，之后广州全面铺开家综中心都采纳了模式1并以政策来予以保障。[28]但广州市府对社会工作服务体系的构建至今并未明确方向、清晰功能定位（陈香君、刘学勇，2013），以街道家庭综合服务中心来大力发展专业社会工作服务体系，可能也是对“单位制”解体后社会支持系统出现空白的一种填补，由服务“单位人”转变到“社区人”；同时也还在尝试旧体制的延伸，比如工青妇残联等传统福利部门所提供的社会工作试点项目、司法矫正社会工作试点项目、打造枢纽型社会组织的尝试等。这些举措，反映出政府以实用、工具性的眼光来看待社会工作的专业属性及能力。若通过专业社会工作的实务能有效地帮助政府解决或大部分社会问题，则可能真会有专业社会工作的“春天”；若效果不理想或达不到预期，恐怕过渡性特征会非常明显，政府极可能转而采纳扩张传统福利体制的策略，过渡期间培养的人才被吸纳进体制内。

---

28 2011年9月广州市委、市政府出台的《关于加快家庭综合服务中心建设的实施办法》，肯定了试点时期的模式1“政府购买服务方式”，而放弃了模式2“街道间接管理方式”。

从上述分析中可发现，广州市府遵循典型的绩效观逻辑，持有实用性态度，注重发挥社会工作者在社会控制、社会管理方面的功能，凭借其强势和资源主导性因素等大体划定了社会工作者在一线的使用方向与运行空间。由此在宏观层面，广州家综社工的专业性使用方向、业务领域和作用空间被大体框定了。

## 二、定向于技术：民政部门对专业使用的施为

在此，还应该把民政部门从市府体系中单独予以专门分析。因为，作为社会工作事业的业务主管行政单位，民政部门一直在推动社会工作发展中扮演了主要角色，进行了大量的政策设计、社会倡导和实践试点与推广工作。

### 技术面向被突出强调

除了秉持党和政府的和谐社会理念，注重社会管理、社会行政和社会稳定的任务目标外，民政部门对推动技术应用取向的专业社会工作是很积极热衷的，很鼓励社会工作实务技术、方法与程序在相关领域的应用与推进，只是对专业社会工作当中所包含的价值理念、意识形态则持有保留态度（曾家达等，2013）。为此，我们可以看到国内社会工作职业化专业化的建设过程中，民政部门做了大量的工作，许多政策文件、制度措施的出台都由它主导或参与。既有关于社会工作专业人才培养、评价、使用、激励等方面的制度规定，也有培育、扶持发展民办社会工作服务机构和社会工作行业组织以及其他配套举措

的政策文件，并积极在地方各级民政部门开展各自的实践试点工作。从民政部到各级民政部门，一般在内部还设有社会工作司、社会工作处、社会工作科，专门专人负责社会工作事业的推进工作。尤其是2011年9月中央18部委联合印发《关于加强社会工作专业人才队伍建设的意见》、2012年4月中组部、民政部等19部委联合发布《社会工作专业人才队伍建设中长期规划（2011—2020年）》这两份文件对于未来较长一段时间内国内社会工作的发展具有很强的指导意义，民政部都参与其中并担当重要角色。近年来，民政部还出台过《儿童社会工作服务指南》《社会工作服务项目绩效评估指南》《老年社会工作服务指南》《社区社会工作服务指南》等行业标准，都是实务技术与程序上的标准，力图给予社会工作服务以更规范的指导，期待服务质量的提升。

## 以技术来保障家综社工的专业性

广州市民政局作为家综项目及其他主要社会工作项目推进的业务主管单位，也针对当地社会工作发展先后设计出台过一些统领全局发展的制度性政策，以及某些针对岗位设置、薪酬待遇、人才培养和继续教育、专业人员登记管理、机构培育发展、财政支持、政府购买社会服务考核评估之类的专项规定和操作性细则文件，支持和保证了专业化职业化的发展。特别是广州市民政局2010年所颁布的《广州市街道社区综合服务中心实施政府购买服务流程规范（试行）》《广州市街道社区综合服务中心相关参照标准（试行）》《广州市街道社区综合服务中心资助及服务协议（试行）》这三个工作规范，既给家综中心运行提供了制度保证，还对具体领域的社会工作服务提供了服务标准，包括有家庭、老年人、青少年、残障康复、社区矫正、义工培训及服务等社会工作服务领域。还有其他的举措来协助社工开展专业性服务。比如在准入上进行社工人员的入职资格限定，要求家综全部工作人员中社会工作专业人员不少于 1/2[29]；总经费中 10% 用于专业支持（包括聘请督导费用、社工入职培训和其他专业培训费用等）；专门设置有家综中心新入职社工的入职培训项目（被专项购买），另要求新入职的正式工作人员必须安排不少于 5 天的入职培训，每年必须安排不少于 72 小时的专业提升培训，未考取国家社会工作者职业水平证书的工作人员也纳入培训考核范畴；培训还引入香港先进经验和力量，广州市民政局与香港特区政府社会工作主任协会签署了开展广州市社工培训及顾问试验计划合作谅解备忘录；等等。针对实践中社工“被行政化”等现象，还在相关文件中特别提出，“各街道要严格按照与民办社工机构签订的合约开展工作，各职能部门和街道不得随意向民办社工机构增加合约以外的工作任务和内容。”并且，在家庭综合服务中心之外设立专项社会工作服务项目，提供深层次、特殊领域、具有特色的专业社会服务，为街道家综提供转介服务平台，为特殊需求群体提供深度个性化专业服务，综合系统地推进专业化建设。这些都是为了保证专业化体系更健全和运作得更顺畅。

29 从规定上看，广州关于社会工作专业人员的界定包括有社会工作员、助理社会工作师、社会工作师、高级社会工作师。后三者是国家规定，社工员是当地自行规定，要求获得高校社会工作相关专业文凭（未通过国家执业资格考试），或者从事行业工作五年以上并接受专业培训不少于100小时，或者获得当地职业技能鉴定指导中心相应鉴定与证书，符合此三项条件之一者即可。但实际操作中，主要是看取得国家资格证书者的配置，每次专业评估，在人力资源配置上得分高低与此有关。

可以看出，民政部门在市府方向与划定空间的指引下，在广州社区建设中引入社会工作力量，以政府服务购买的项目制模式来实施运作，同样偏重于社会工作控制功能的发挥；作为社会工作行业的业务主管部门，它也更侧重追求技术性的规范、标准与流程，注意技术性方向的实用与成效。基本上，市府及民政部门将家综社工专业使用制度做出了规定性的要求，框定了它的运行边界。

## 三、领域设定：街道办对专业使用的施为

### 职能转变

与市区层面更多地着眼于政策规划相比，街道政府主要是执行上级政策与交办的任务，它要承担大部分的具体行政性事务。众所周知，在我国，与乡镇政府不一样，街道办事处不具有一级政权的性质，它没有同级的人大、政协，其实是市或市辖区政府的派出机构，权力主要来自上级政府，直接对上级负责。在国内单位制逐步趋于解体、社区建设日益得到重视后，城市管理中心下移，“两级政府、三级管理”制的推行最终强化了街道的属地管理责任，形成了“条专块统，以块为主”的权力格局，即“街道党工委是街道一切工作的领导核心，街道办事处是社辖区内最高权力机构”，街道党工委、办事处对辖区内事务拥有综合协调和管理的职能。

“上面千条线，下面一针穿”，在区府授权下，街道办事处对接于多个政府部门，承担有大量的职能与事务，包括有社区建设、综合执法、治安保卫、人民调解、劳动与社会保障、优抚与社会救济、常住和

流动人口管理、计划生育、公共环境、公共卫生、社区教育、普法教育、社团组织建设、安全生产检查，等等。当中既有党群工作、社区公共事务工作，也有城市管理工作、综合协调监督工作，涵盖有政治与行政功能、基层公共福利供给功能、社会力量动员功能等。除此以外，街道还往往要承担许多临时性的工作任务。以当时广州的实际情况为例，“创卫生城市”“创文明城市”“防控登革热”、拆迁安置、大型活动等临时性工作都主要由街道承担。它可为“商讨、协调社区建设和社区服务事项”，有权召开辖区内其他政府或企业单位“参加的社区联席会议”。街道办事处开展工作需协调各方，争取政府相关部门的支持。它所面临的一个很大问题是，人手总是显得不够，因为按照相关规定，作为派出机关，其内设机构和人员编制是相当有限的。在一些街道干部看来，“有太多的事情集中到基层来做，任务过多，单靠街道居委的人根本难以完成。”“特别是那些性的服务工作，自己做不来也做不好，会影响考评。现在都是专业分工的时代了，可以考虑交给那些专业性强的社会组织来做。”由于“职能超载”（何海兵等，2003），街道需要扩充更多的机构和人手，来协助完成各种职能与各类事务。

## 对家综项目的态度变化

当然，不是所有的街道一开始就能理解广州市府“政社分离”的改革政策意图，能支持家庭综合服务中心的建设的运营。2010—2016年笔者的调研及其他人的调研都表明，在广州全面铺开家综中心建设时，支持态度的街道只是占其中一部分；有些街道从自身利益考虑，并不愿意将服务外包，对民办社工机构的认同度较低、对社工的认知也不了解，并不是很支持社会工作服务的开展及家综的设立。有些街道只是当作上级布置的政治任务来予以对待和完成；甚至有些街道觉得成立家综挺麻烦，还得去另找办公场地和配置办公设施，迟迟未能完成家综的招标；或者招标完成后却未能将办公场地与设施配置好，使得社会工作机构难以进驻办公、开展服务，最终只是在上级政府一再督促和干预下才勉强完成"政治任务"。因为在有些街道看来，家综有很多的助人性事务和指标要完成，与街道做的社保、救济、计生、维稳等行政民生类工作并不一样，没有给街道"减负"，反而要求街道支持协助与监管，给街道带来了多余的工作压力。有的街道，刚开始都比较轻视社会工作服务，认为这无多大意义；也有的街道对新成立运营的家综没有按照文件规定去做好日常监管的工作，对项目运作和社会服务情况也没有主动去了解和关心。

但是，随着广州市家综全面铺开运营之后，特别是首个周期结束后，街道对家综的态度发生了较大的变化，支持态度明显增加。这点从新一轮家综招投标的进度安排上就能察觉到，各街道在招投标的安排上都比较积极认真、并很及时；也可以从原来不在其中范围内的广州各镇的态度上看出，大部分镇现在很主动地要求设立家综中心。毕竟，街道办事处是家综项目的购买方，对家综有非常大的管理权限。[30] 它既负责家综

30 广州市的家综项目从试点到全面推开在政策上有所调整。在《关于印发广州市街道社区综合服务中心试点建设期间三个工作规范的通知》(穗民[2010]320号)中，甲方(资助方)为区(县级市)政府或其工作部门，乙方(项目实施及管理方)为街道办事处，丙方为街道社区综合服务中心承办机构；到了2011年《中共广州市委办公厅、广州市人民政府办公厅印发〈关于加快街道家庭综合服务中心建设的实施办法〉的通知》(穗办[2011]22号)规定，由区(县级市)民政局、所在街道和中标机构三方签订合约，区(县级市)民政局为合约组织实施的监督方，街道办事处为政府购买社会服务的购买方，中标的民办社会服务机构为服务提供方。照黄晓星、杨杰（2015）的看法，"街道办事处从项目实施及管理方的角色转变为购买方，对家综的管理权限大大增加。"

这个项目标的物的设计，也对家综进行日常监督管理，还被评估方作为对家综运营情况评判的重要意见参考方。另外，家综的资金拨付，也在于街道的配合，如后者配合不及时，社会工作机构就会有“断炊”的危险。街道交付的有些任务，也确实很难区分出是社会服务还是行政性职能事务，边界并不是那么清晰。甚至有时候，街道还可要求其中部分人员前往街道相关部门去“帮忙”。

## 街道负有公共政治、行政、服务等功能

街道层面的管理体制是以属地为界的，各个街道都各自负有公共政治、公共行政、公共服务等功能。街道或者是想着围绕街道总体性目标而要求家综设置项目，予以配合；或者是要求家综能结合本地特色，打出个品牌、亮点出来。或者是交付很多疑难、久拖不决的问题，希望家综尽快予以解决；有些还希望家综能尽快将街道的各类社会资源整合、动员起来，投入于街道的社会建设、民生事业中。比如笔者曾经督导过的一个家庭综合服务中心，当地街道办主管副主任、民政科长，基本每次与家综见面，都提到家综要尽快拿出可行方案，将街道辖区内的诸多企业资源给动员起来，服务于当地民生。因为该街道的辖区范围内，是国内外知名的外贸展区所在地，街道之前想对接上这份优势资源，试过一些办法但并不太有效；在家综成立之后，街道让家综将任务接过去，希望发挥专业优势，尽快达成资源动员与对接的目的。

## 四、居委会的专业性使用

在当今社会，基层社区在社会生活中发挥着越来越重要的作用。同时，根据黎熙元、陈福平（2008）的实证研究发现，中国城市的邻里社区呈现衰落的变化趋势，其变化倾向为："居民的关系网络向社区外扩散，家庭和邻里关系不再是社会支持的惟一来源，社区参与个人化，社区认同减弱，社区参与的选择趋向个人化而非集体化。"而更主要还在于，基层社区正变得更加复杂多元，充满着不确定性。当代中国社会里，人们之间的社会交往、社会联系越来越不受地域的限制，各种需要不必仰仗邻里社区而更主要从外界的各种营利性或非营利性的组织中获得满足，相近相邻属性的社区在居民生活中的地位和意义被削弱了，对于大多数居民而言社区也就是一个生活居住空间，发挥的只是居住功能，更多的其他功能是由其他空间来替代；现代社会的"脱域机制"已经逐步地将人们的社会关系从它们所处的特殊的地域"情境"中提取了出来，"基层社区是一种复合体，除了'单一社区'和'复杂社区'，还有'流动社区'"；"由于'流动社区'的运作，'单一社区'和'复杂社区'在关系层面上已经不能整体地反映基层社区"；基层社会的新的权力秩序正在逐步形成，也变得更加复杂化了；新的治理结构更呈现出社区'共治'样态，脱离了地域化情境和既定的组织框架，强调行动主体间的策略性的交互作用和横向互动过程，"其秩序生成具有不确定性或曰偶然性的特征"（李友梅，2003；2007）。由此，政府主导的、以地域性社会生活共同体建设为目标的国内社区建设面临着巨大的挑战，"以特定地域和特定居住人口为对象来投放公共资源的现行社区建设模式将越来越缺乏效率”（黎熙元、陈福平，2008）。因此，如何推动“社会”自主、在基层社区实现“善治”仍需从更深层次的思路入手，采纳新机制、新策略和新方法。

## 居委会改革的共同构想

原初，城市居民委员会（本书简称“居委会”）的设置是对单位体系的一个补充，主要针对那些在城市中无组织化居民的管理工作，属于城市管理中比较边缘的地位。后来随着街居体制得到职能和权力的扩充，居委会的重要性得到很大的加强，成了城市基层治理体制的核心构件之一。按照宪法、居民委员会组织法及其他法律的最新规定，居委会是居民自我管理、自我教育、自我服务的基层群众性自治组织，按城市居民的居住地设立。它的任务是宣传宪法、法律、法规和国家的政策及开展精神文明建设等；办理辖区内的公共事务和公益事业，调解民间纠纷，协助维护社会治安，并且向政府反映群众的意见、要求和提出建议；协助政府开展计生、公共卫生、优抚救济、青少年教育等工作。居民委员会由主任、副主任和委员组成，这些成员由本居住地区全体有选举权的居民或者由每户派代表选举产生。不设区的市、市辖区的人民政府或者它的派出机关对居委会的工作给予指导、支持和帮助；居委会的设立、撤销、规模调整，由不设区的市、市辖区的人民政府决定。可见，居委会既有自治性的面向，又有行政、服务的职能，是国家权力触角的延伸。

但具有“双重取向”的居委会难以有效应对社会需求，实行改革的主要方法是采取分类治理，在职能或事务类型划分的基础上，将行政、服务职能从居委会的自治职能中剥离出来，新增设一个组织（该组织名称不一，如社区工作站、社区服务站、社区工作服务站、社区政务服务站等）来专门执行行政事务[31]，而服务类事务则常以外包购买形式由社会组织承接（张雪霖、王德福，2016；孙柏瑛，2016）。在广州，各居委会的服务类事务主要归并到高一级的街道层面，引入社会工作服务体系，由新成立的家庭综合服务中心来承接。就改革之后广州的社区居委会而言，构建“幸福社区”是很多居委会的工作重点，力求形成多元治理 (Governance)、多元参与 (Participation)、多元服务 (Service) 的幸福社区“GPS 模式”。这显然不仅仅是居委会、社区政务工作站的事情，街道将其他组织和力量也发动起来，尤其是家综中心被要求在服务这块职能上发挥重要作用。这也让居委会与家综的互动更加频繁，但具体的职能分工与协作，仍在磨合当中。

## 竞争与合作并存

具体而言，居委会对家综的成立与运作，其态度是比较难以单面化概括的。笔者的调研、以及对其他研究者的调研报告梳理后发现：既有大力肯定和支持家综及社工的，也有持保留甚至反对态度的。就支

31 社区服务站与居委会实行分设，但各地具体情况不一样。以广州越秀区为例，居委会之外成立了社区政务工作站，二者组成的人员有交叉，办公和活动经费、人员工资都由财政支付，也都承担街道交办事项。在下文谈到广州居委会情况时，是将居委会与社区（政务）工作站合在一起的。

持的态度这方面来说，很多居委会工作人员觉得社工的很多服务和之前自身的某些服务很相近，完全可以建立合作关系，发挥社工的专业优势和专业方法，给社区中的老人、残疾人、孩童和其他居民提供服务，造福于当地社区。并且，社工进驻社区之后，还可以将居委会、工作站、文化站、工疗站、义工组织等各方资源整合起来利用。很多社区工作者在明白社工不同于义工，有专业方法、技术性较强，属于专业人士，也会将一些问题家庭、个案转介给社工，双方合作，往往政策部分由社区工作者负责，心理辅导、探访、链接资源等工作则交由社工去做。按照某居委会主任的说法是："家综来了后，我们居委会的工作负担轻松了好多。他们做了好多服务，组织了很多活动，这些都是我们做不好的。居民也很开心，服务还是很有必要的。我们还开玩笑说，以后家综就定点专门到我们社区来开活动得了。这帮年轻人，还真是挺有办法的。"（源自 2010—2016 年的调研资料）。这样的支持非常利于社工开展服务。而另一种是保留性的态度，认为社工进社区帮助居委会分担服务职能是理所应当的，应该更多做点事。他们往往很不理解社工花费大量的时间去完成各项指标，认为社工来了常常麻烦社区工作者提供各种资料、带上门探访居民，增加了自身的工作量。

但将两种态度综合起来分析，一个事实是不容否认的，即社工确实能分担居委会的好多职责和任务，居委会是期待社工能对接上基层社区治理创新、居委会改革后分解出来的那一系列职能，双方是有比较大的合作可能性。而且某种程度上来说，社工对居委会的依赖可能还大一些，因为信息收集、公共政务、福利与救济资源发放等职能还划归在居委会这边，自上而下的体制依旧延续至今并仍有效力；居委会等基层组织也长期扎根于社区之中，历史积淀深厚，本土性社会网络的构建相对有力。因此，就最基层的社区而言，依据对居委会等社区基层组织的分析可知，社工在工作中恐怕要更多地与它们合作，借助于它们那套体制性、本土性力量。黎熙元、徐盈艳（2011）的研究发现，“即使专业性很强的社工机构也需要与社区管理架构合作，合作的好坏直接影响服务的效果。”“在进入社区、评估需求及后续开展工作的过程中都需要街道、居委会的协助；除此之外，街道、居委会在资源的链接上也起到了非常重要的作用。”笔者的调研也发现，“我们家综刚来做需求评估、上门探访老人、居民等，最开头都是靠居委会的人帮忙。他们熟悉居民，带我们一起去，帮我们介绍，居民就比较相信。”“曾经有社工自己上门去，电话都提前联系好老人了，还是吃了闭门羹。”“我们后来把每个社区都找了个专门的社工对接，效果就好多了，就能与居委会进行及时沟通，把很多信息共享起来。现在的问题是我们这边有员工离职，有时对接就有点麻烦，居委那边也反映过这样老换人不合适，我们也正在想办法，毕竟，与居委沟通有时很关键。”（源自 2010—2016 年的调研资料）。社工与居委会等基层力量的合作，既是重要也是必要的。

广州市现在还正在进一步完善网格化社区管理模式[32]，网格化管理形成了以居委会为核心的基层社区网格架构，既连接着居民的诉求

---

32 按照相关规定，网格化社区管理是依据一定的标准划分设置社区服务管理的基础网格，梳理和分类出原来居委会承担的各类行政协助性工作，配备专门网格员（通常以社区专职工作人员为队伍骨干或网格负责人），负责网格区域内信息采集、联系居民及各类服务和管理工作，使之下沉到网格（在街道和基层社区之下的一个更小的执行单元）进行办理，从而服务和管理资源在下沉后更接近社区居民。

与基层政府的行政控制体系，又把社区居民纳入到网格体系内进行管理和监控。按照黄晓星、杨杰（2015）的见解：网格化管理重新整合了过去各自为政的资源，提高了公共服务传递效率（虽然加重了居委会人员的负担）；且更主要是，“网格化的核心在于行政权力的下沉，其实质是国家权力在基层社会的扩展和延伸，将社区吸纳入网格的结构之中。”

# 第五章　民间系行动者及制度逻辑的分析

一、社区居民的分析

二、项目制架构下社工专业使用及弊病

三、督导者和社工的困境

四、专业规制与“交代”：评估机构的困惑

五、民间系有待改进对专业性的支撑

承接上一章，本章主要考察体制外、民间这方的行动者如何看待社工专业性使用制度？他们对社工日常工作及专业发挥施加了哪些影响？被哪些制度逻辑所诱发或制约？

## 一、社区居民的分析

### 社区居民受到了现代社会“脱域机制”的影响

上一章已经对基层社区的变化做了一些描述，本节对社区居民的探讨也建立于这个社会背景下。就社区广大民众来说，确实社区居民受到了现代社会“脱域机制”的深刻影响。走访社区进行观察会发现，参与社区事务的人数有限、主动性也不足；参与内容是文体活动、健康养生、环境卫生等；居民投诉最多的物业、车位、治安、电梯加装等问题，更多地是公共利益纠纷和公共行政职能问题很多居民有自己固定的生活模式和圈子，对于新出现的社会工作，充满着陌生感“这边居民都比较淳朴、工作兢兢业业，但对与社工的认识还是不够，对于机构也持一种怀疑的态度，都不怎么愿意来参加机构的活动。”（2014-社工 W）在社会分化、社会脱域的情景下，居民内部社会结构的多样性和差异性，也影响着社会工作者的专业性作用空间。

照某些学者的研究（王思斌，2001），中国社会的助人系统仍为民间和官方两个助人系统，并未发生重大变化。民间助人系统主要来自家庭（家族）的自助和邻里亲友的互助（受家庭中心主义、差序格局的文化所决定），官方助人系统则由社会成员的身份（即身份隶属性）决定所其能获得帮助和福利的类型、内容、渠道。一般来说，官方助人系统更多地是解决其成员的物质需求性困难，民间助人系统则优先满足日常生活的、精神慰藉方面的需求。尤其是家庭（家族）支持很重要，“在中国，遵循的是以孝为核心的家族中心主义，通过家庭伦理来定义个体，个体的需求一般通过家族来满足，家族为个体提供直接的帮助，同时个体也要求为家族的发展而努力。”（杨生勇、王才章，2011）

## 弱势群体的结构性困境

传统的弱势人群，如老人、残疾人、儿童、低保低收家庭等，地位边缘、资源缺少，更多地接近于行政福利体制的服务对象。他们更信任体制，指望从社区那里自下而上地反映诉求，因此他们对政府的依赖性很强，也比较“坦然”地接受政府的救助；缺少向专业服务机构主动求助的意愿，即使接受后者的援助也将其归结于政府安排、政府“福利”。这还可能给社工的工作带来某些干扰，比如，“个别服务对象会误以为是街道工作人员想了解他家庭经济情况，导致在接受个案辅导的初期，对社工存在着一定的隐瞒。社工在对问题进行评估及介入阶段时，因未能掌握相关的重要背景资料而使问题改善不明显或无法改善核心问题。”（2016- 领域主管 X）

“目前社会工作在社会上的认识度不足，居委、居民对此的认同度也不高，因此在实际的服务过程中会有无力感、挫败感。社会工作的专业发展需要社会各界的支持与认同。”（H-Y-C- 家综主任 -2016）

## 二、项目制架构下社工专业使用及弊病

从2010—2016年期间社会工作服务机构的组织结构与项目化运作模式看，不太利于专业性在机构中的地位。与很多国内非营利组织一样，广州大部分社工机构经费紧张、难以支撑机构的规模扩张，大部分都在10个员工以内。那些承接了家综等大项目的机构，大概有80多家，当中也只有十几家的员工人数过百。由于广州社工服务体系是以项目制运行为特色，家综项目占据主导。因此，这里的社工机构基本上以项目为依托运行，或者靠承接家综之类的大型综合项目，或者靠专项项目及公益创投之类项目。绝大多数是直接服务类型的组织，只有很少是专业支持型，后者也可能是靠中标评估类项目为生。注意，以项目为依托的社工机构呈现出管理学所说的项目型组织结构样态，这种结构形式的采纳更多地是来自于外部环境的塑造，更准确地说是接续于政府职能转变、治理创新的外部延伸部分。某种意义上来说它与市场上的劳务外包比较相似，即广州市政府将部分服务职能外包出来交予了社会工作服务机构，并设立一个项目制平台（即家综中心）来运作该项社会服务，从而促成了社工机构呈现出项目化运作形态。尽管社工机构本身可能存在理事会、监事（会）、管理高层、财务等部门组成组织图示，但组织结构中最显眼的部分应该是在家综中心这个地方，它才是机构的圆心，其他部门设置都围绕它来运转。在此要特别强调的是，家综其实不仅归属于机构运营，它更多地是一个平台，是政府主导基层治理变革下的产物。项目制风靡于中国，家综采纳项目制运作也应受此影响。由于家综项目协议中赋予了街道很多的监督管

理权力，且这种权力的界线模糊，通过每月例会、三方联席会议、月报季报、突击检查等机制，加大财政及其程序上对政府的依赖。

在项目制的精细化管理、流程化运作、规范化监管等要求下，社工机构也以指标分解机制来给社工派发任务，并进行绩效考核；社工基于个人利益出发，服从于机构的安排，围绕着指标为工作中心，忽略了以案主为本。[33] 且与常规制的制度安排不同，项目制的特点是存在不确定性和间断性，这可能还会造成机构运行的“短期化”倾向。机构还难以顾及员工的职业规划、职业发展，本身也难以提供清晰明确的职业发展通道。“希望机构的管理更人性化、优质化；机构能够关注社工个人成长、给予每个员工平等的成长机会。”（S-D-2016-J-社工）

从以上内容可以看出，社会工作服务机构的治理结构、运行机制，行政化运作的可能，不利于专业性的生成与发挥。如布劳、斯科特（2006）所言，“如果一个职业中存在很多的发达机会，但这种机会在一些组织中比同类型的其他组织要受到更大的限制，对职业的执着就会和组织的忠诚发生冲突，而且会鼓励一种国际主义的定位。当一个组织减少了专业发展的机会，地方主义者以减弱与其专业的联系为代价来表达他对该组织的高度忠诚。他们可以放弃其专业上的抱负以利于其行政上的渴望，或者只是限制其渴望的水平并愿意继续按照组织规定的方式开展他的工作。”反观当时的广州家综社工，在当时的情境下，估计更多地是会去屈从于机构，做一个“地方主义者”，或者就“用脚投票”离开行业。

33 这也可被看作是一个“手段替代目标”的现象。

# 三、督导者和社工的困境

## 督导者的专业权威及短处

督导制度保证社会工作者的专业服务能力的一项重要机制。对于提高从业者的专业服务水准、保证从业者的实务工作能力、化解从业者的职业倦怠感，督导是其中重要的方法之一。在一般教科书中，社会工作督导被界定有三大功能：教育功能、支持功能和行政功能。三者相互配合、相互支持，保证了督导制度的功效。专业社会工作体系被移植到我国大陆地区后，督导制作为其中的子系统也得到了重视，在实践中西方督导者承担的角色也同样被复制，即担任教育者、支持者、行政者、评估者的角色。深圳、广州等地在发展社会工作事业时，都明确要求引入督导制，并特别强调借用临近的香港地区资源，聘任那边的资深社工来内地担任督导岗位，协助加快实务能力和专业水准的提升。在对家综项目的评估中，各个评估指标体系也都强调督导职能的作用发挥，包括香港地区督导者的聘用。根据雷杰等人（2015）的统计分析，广州地区的督导专家，除了主要来自香港地区人士，还包括有本地高校教师、本地非高校督导者；督导者所承担的社工督导岗位一直以来都是最多，在 2013—2014 年度仍占比超过 45%，高校教师的督导岗位则开始少于本地非高校督导者；且统计显示，广州的督导人员从业年限较长，经验较为丰富，岗位到位频率高、督导时间较充足，能够提供较为充足的督导服务。这意味着，广州地区拥有一支比较合理、较为优秀的督导者队伍。截至 2016 年广州的家综项目体系中，督导者主要有机构外聘和机构内部兼职聘任这两类，机构外聘是最多、最主要的，内部员工担任督导主要是兼职担任。

广州多年来已形成财政支持社会工作事业机制，社会工作项目和社工机构数量也比较多，从业者的身份已经合法化，民众也开始慢慢地接受社会工作服务，督导者除了担当督导者外，还承担专业服务的设计者、专业服务需要的转化者、日常专业服务的指导者以及专业服务的培训者这些角色。督导者还面临着很多的挑战笔者所接触的很多督导者也都反映，实务中社工咨询最多的问题之一，就是如何协助案主获取政策性优惠；另外一个常见的咨询是，则是如何指导社工将服务对象的一般性、日常性社会服务转化为专业的社会工作服务。而同时，不少督导者的困惑则在于，自己费心费力费口舌，甚至模拟演示、手把手教、实战演练了，社工似乎也很难将所传授的专业性内容与理念贯彻下去。仅仅专业权威似乎并不有力，缺少了行政功能的支持，督导对被督导者的约束性大大减弱。而国内确实很多督导者乐意将督导的行政功能与教育、支持功能相割裂，更认可教育、支持功能而忽视行政功能，再加上社工机构也在制度设计上也往往将行政与实务分开，确实造成了督导职能难以有效发挥的困境（沈黎等，2013）。广州家综中外聘督导不用说，难以有行政权威，即使内部兼任的，也更多时候缺少有效的行政手段。

另外，理论如何与实践更好地结合，也是困扰督导效用的难题之一。比如在广州，高校教师担任督导岗，被诟病最多的就是象牙塔式的理论太多、层次太宏观，缺少实务操作的可能性。而香港的督导者，虽然最受社工们的欢迎，称对方实务经验丰富、可操作性的技术传授多，对自己帮助最大，但相对内地的那些非高校督导者，怎么看都在经验积累、理论知识的储备上存在不足，且很多欠缺宏观结构性视野、局限于微观理解，难以把握住案主问题的更深层次或实质性原因。“在工作中会发现有经验的督导始终是少数，对于工作上遇到专业实践上的难题更多是摸着石头过河。香港督导经验丰富但时间有限，而内地督导经验、学术理论有限。而就算到高校学习，学校强于理论，但弱于实践。这些导致社工的成长更注重自身的主动性，更取决于是否自身愿意多看多问多学习多时间。”（H-S-Q- 领域主管 -2016）

## 专业社工及其弱势情形

就家综社工而言，直接面对着社区居民，占据着家综中心的那批专业性位置，其举动和关怀直接出呈现专业性使用的样态。虽然有学者认为（姜海燕，2015），社会工作者福利意识形态的核心是把社会工作看作一份职业、一项谋生工具。但这样一份职业天然还是具有专业性的要求和期待，不管是社会工作专业的毕业生有无从事相关职业，抑或者行业在职者和离职者，有关的研究和调研都或隐或明地显示（姜海燕，2015；雷杰等，2015），他们从内心上都认可社会工作具有强烈的价值情怀，社会工作者拥有专业属性。前线社工，不管是科班专业出身，还是只获取了从业资格证书，都受到过社会工作知识教育和实务经验的深刻影响，都经受过社会工作价值理念、伦理准则的熏陶，再加上制度规定下的在职培训要求及督导机制影响，他们具备一定水准的专业服务能力。有数据也显示（雷杰等，2015），广州家综领域的主管和普通社工在 2014 年持助理社工师、社工师证情况较好，比例分别为 86%、73%，并在呈上升态势。这些情况似乎预示着社工有足够的专业能力在岗位上发挥专业效用。

然而，以下几点不容忽视。首先，如前所述，社工在机构和家综中心里面并没有树立专业主导的权威位置，社工尽管持证情况良好，但社会工作专业出身的占比却一般，2014 年度只有 36%，非专业教育背景的占比却有 42%，且没有改善的迹象。大体上业界也认为，仅仅拿个证并不能说明这个社工有多专业，就如某家综的领域主管所言，“本人观察，社会工作毕业的员工在专业应用上较为到位。而非社工专业出身的员工在专业应用上较差。考到助理社工证的人好多，但真正能按理论用到实践中的员工较少，但现时很多一线的社工和助理都是非社工专业出身，对于较多的理论都仅仅停留在字面的理解，而缺乏实际的应用。”（H-S-Q- 领域主管 -2016）更糟糕的一点是，截至 2016 年，笔者兼职作社工机构的督导者时以及笔者的一些学生去到机构实习时，都发现这样的事实：很多社工对于机构组织的培训持有很功利实用的态度，实用技能类的培训能立刻运用于实践、用处大，对此他们很感兴趣；而那些专业性、理论性强的培训，实践应用有些困难和条件，觉得乏味且帮助性不大。当然，也确实有些培训的水平一般。最后，社工当时的薪酬较低、工作压力不小、职业声望和社会认知度一般，导致流失率高、职业稳定性差，进而造成他们很难扎根于某个街区而形成比较稳固的在地性社会关系网络。

## 四、专业规制与“交代”：评估机构的困惑

### 评估机构的专业规制

对社会工作服务进行专业评估，是相当重要的一环，是专业服务的科学性、有效性、责任性等面向的呈现与体现，有助于推动专业服务的持续发展和社会行政的优化。新公共管理主义引入的时代，效率观、问责制、“社会交代”潮流兴起，要求对政府购买社会服务的体系加强评估的力度。广州家综服务体系是政府购买社会工作服务的典型，受到了新公共管理主义的影响，监察绩效、回应问责是当然之选，因此在制度运行之初就相当重视评估机制的配合，主要是引入第三方评估，仍在进行对家综中心有重大影响的中期和末期评估[34]。就评估本身而言，它既可能被看作是一个过程，强调通过所得反馈来改进服务；也可能被视为一个结果，强调检验项目或服务的成效。评估要特别重视证据，强调权威性、公正性的原则。好的评估能帮助社会工作服务改进效率、回应问责、生产知识、提供合法性与公信力。

早前，评估机制中的某些缺陷及相应支持条件的缺失，让“专业规制”的意图落空了。如有学者就发现（陈香君、刘学勇，2013），早前时期，这个评估机制存在执行方（即各家评估机构）本身不成熟、缺乏监察服务有效性的能力，团队人员参差不齐且对评估标准的认知不统一（徐昵哂，2013），服务项目目标的不熟悉，利益关联造成客

34 这也可被看作是一个“手段替代目标”的现象。

观中立的立场难以保持，对公众（其实还应包括从事一线服务的社工）缺乏公开透明的评估程序等问题，因此造成评估的公信力不足、影响力不够。但广州家综服务体系的评估机制，确实也在不断地探索改进，旗号打上了整合取向方式，在努力增强其权威性和公正性。对于广州这套评估机制，有一点是值得肯定的，即学者所说的“专业规制”意图（黄晓星等，2015），这是个值得肯定和继续坚持的方向。笔者既作为家综中心的督导者而参与过被评估，也曾被评估机构外聘为评估者，对此点有过特意的观察和体验，这套评估机制由第三方组织负责，确实有较深的“专业规制”意涵，评估专家希望能提高专业的话语权、保证家综的专业定位。

## 评估机构遭遇的结构性难题及表现

从 2015 年广州家综新一轮周期开始，当地评估机制也进行了新的调整，主要表现在统一评估标准、提高评估团队成员的入职门槛、培训团队成员、强调利益回避、加大成效类分值、看重家综回应社区发展及公共需求的能力等方面。笔者认为，即使改变后的评估机制，依旧有几个关键性问题要高度重视并去解决，不然还是难以达到“专业规制”的目标，尤其是交代逻辑与专业规制之间可能存在着内在矛盾，会影响评估的效力。这些值得重视的关键性问题是：

第一，评估目标的定位问题。很多国内专家在探讨评估的目标时，喜欢提“以评促建”“以评促改”“以评促进”的表述。广州家综项目的评估，不仅在监察服务的专业性和有效性，还力图推动服务体系的自我学习和完善。有不少社工机构、家综中心及社工，往往把评估当作了一种督导式的教育，希望获得建议去推动服务领域的问题和困难的解决，获得项目推进、成效改善的思路的启发、甚至技巧的完善。这样目标定位模糊的评估可能难以让社工养成专业的自信。

第二，评估标准的设置问题。在笔者兼职做督导时，发现另一家评估机构喜欢用他们十六七年的项目经验和成熟标准，来评估刚刚启动的家综项目，询问目标是怎么定的、怎么分解下来、思路逻辑在哪、依据在哪、为什么不清晰等。或者，评估机构复制、移植发达国家和地区的评估标准到国内，经过改造变化就用于评估。僵硬地要求把提供服务的社工硬套入现存的评估框框之内，社工会成为评估的工作对象。统一的高标准还可能与社会工作的个别化原则相冲突。另外，怎么将服务对象的意见和声音更多地纳入到评估体系中也同时值得思考，他们的需求满足才是真正地富有成效。

第三，评估形式的改革问题。早前的评估，不管是高校教师还是资深公益人士做评委，喜欢采用听汇报、看材料等方式，带有比较强烈的主观色彩。当评估行业成熟，人员结构不再是问题，那形式化还继续存在么？恐怕还会。因为依旧采纳集中性的现场评估形式，概括性弱、外显特征不明显的内容要密集性地在当天给予呈现，恐怕难以避免文书在评估中的重要性突显，也难以终结“迎评总动员”。

第四，评估结果的效力对象问题。早前存在的问题，如获得“优秀”与“基本合格”对社工机构而言没什么结果上的差异，在后续的评估文本中这点已经更改。奖惩机制也正在和评估结果挂钩。但是，评估结果依然把结果的施压范围限定于社工机构，而缺失对服务购买方的考量，明显有失公允。

第五，评估团队回避利益关联的难题。随着社会工作行业的逐步成熟，评估团队的人员结构很容易就达到合理化设置，但这些团队成员怎么回避利益关联，正需进一步深入探索。

所以，评估机构尽管有“专业规制”的抱负，但在结构性的诸多限定下却很难实现。评估机制的“专业规制”影响似乎更多地还只是体现在社会工作服务的形式上。

## 五、民间系有待改进对专业性的支撑

从上面的考察中可以看出，民间系的行动者对于家综社工担当的角色、在社会中承担的功能抱有多样的态度，并没有能真正完全地专注于社工专业性使用。社工服务机构和评估机构都有更加专业性的努力方向。

因此，结合本章与上一章的思考分析，笔者认为，就社工这个位置而言，市（区）府、民政局、街道办、居委会、居民、社工机构、专业评估方、督导者及社工等直接关联的行动者，为此而投入的资源与支持、关注的程度、所处的位置以及拥有的行动职能和冲突化解职能等方面存有不同。此处，笔者所刻出的画面似乎对专业性不太有利，家综社工岗位专业化亟待加强。

# 第六章　社工专业使用制度的实践形态及表现

一、一种制度实践形态的生成

二、专业性的形式化使用

上面已经分析，家综社工牵涉有一组相关行动者，这些行动者所关注的目标、秉持的价值理念、掌控的资源类型、背后的制度逻辑等方面存在着不同，也由此他们对家综社工岗位的角色期待难以一样。家综社工专业使用制度发生了微妙复杂的变化，可考虑将其暂时性形态予以描述。

表 6-1 联结角色的社会机制中各行动主体的施为情况

| | 主导性的角色期待 | 角色涉入强度 | 对行动的可观察性 |
|---|---|---|---|
| 市府 | 社会管理者 | 间接 / 一般 | —— |
| 民政部门 | 技术型的社会管理者 | 间接 / 一般 | 定期监察 |
| 街道 | 服务型的社会管理者 | 直接 / 深 | 经常监察 |
| 居委会 | 服务协作者 | 小 | —— |
| 居民 | 服务者 | 小 | —— |
| 社工机构 | 专业执行者 | 直接 / 深 | 日常 |
| 督导者 | 学徒型专业人士 | 直接 / 一般 | 定期 |
| 社工 | 专业人士 | 直接 / 深 | —— |
| 评估机构 | 专业人士 | 间接 / 深 | 中、末期 |

注：“——”代表“不存在或无需表示”。另外表中未考虑同业支持机制，在于其仍未形成。

# 一、一种制度实践形态的生成

家综社工岗位很大程度上被街道所定向和划定活动领域。受默顿“角色联结的社会机制”的分析启发，笔者在此对社工的行动选择过程做一番探讨。默顿（2006）认为，多重角色期望会让角色丛不稳定，但如果没有造成严重无序，那原因是有若干个角色联结机制发挥了稳定次序的作用。就家综社工这个角色丛，的确相对有序；从社工日常工作的运行面貌看，专业性发挥的角色并未如原初的设计预期能居于角色丛的中心。

## 各方行动者之间的互动及权力关系建构

借助表 6-1，我们可以再清晰化地来阐释何以专业性未能成为中心的角色期待。如表所显示，社工机构、督导者、社工、评估机构大体是支持专业性的角色期待，市府、街道、居委会相对更偏重于社会管理的角色期待、趋于行政化逻辑，民政部门和社区居民介于二者之间、混合考虑。但就两类角色期待的支持力度而言，街道为代表的政府系统给行政化角色提供了很多的资源和较高的支持力度，而对专业性的角色期待，各行动主体的支持力度一般，且社工服务机构偏重于科层性权力的运用冲击了专业性权力在机构确立主导性地位的可能，更削弱了专业性的支持力度。同时，可观察性机制方面也是削弱了专业行动的自主性乃至专业的神秘性。

服务领域和重点服务对象的确定权并不归他 / 她，甚至有些需求或社会问题尤其是带有公共权益维护性质的问题被禁止介入。对于家综社工而言，处于专业性的位置，自身的专业自主性不强，专业能力的发挥有困难。评估方可能还想通过中期和末期评估来注入更多的专业性要求或期待，但这些要求大多只能停留于表面上，因为对于社工来说，评估给出的分数并不会显示具体个体社工的功劳或缺陷，督导专家可以定期地审核社工的专业性使用情况，但却缺少社工机构赋予的行政权力来保证其督察专业的效果。

## 制度性逻辑之间的勾连及对行动者的影响

更进一步，我们还要补充更多的制度性、机制性因素的分析。在“文献回顾”章节中已经揭示出，海外发达地区社工能成为职业声望较高的“专业人士”，在工作中专业性发挥使用相当不错，公共治理机制给出了一个自治的空间，社会参与机制给自治空间提供了足够的社会支持基础。

国内情况，依照本书的案例分析，则显示为：

第一，体制系行动主体尽管内部在对社工如何使用上的角色期待上有些出入或差异，但还是能保持一致，都特别强调于社会管理的功能。

其二，社工服务机构本身应归类于NGO之列，并基于专业属性而有追求社会公平、进行社会变革的抱负。但从前面的分析中可以看出，其内部治理结构极其容易造成其按照自上而下命令运行、指标化管理与绩效考核，这样就难以给专业权力以足够的支撑。

第三，在这个变动、复杂的时代，民众脱域于所居住的实体社区是常态。散片化机制下的民众结构特征不利于专业性使用获取持续的社会资源和社会支持，也难以支撑专业性使用的覆盖面扩充和效果显现。

第四，专业性的第三方评估机构在对广州（2010—2016）的社会工作服务体系中更多地是充当了核查和还原服务状况真相的功能（陈香君、刘学勇，2013），其背后实际上更多是反映它是作为了现行社会工作治理结构的核查机制，简言之，2010—2016 年期间广州家综服务体系中，所运行的社会工作治理结构是一种行政主导的模式。

## 制度实践形态的定型及自我维续

以此我们可以来回应学界在诊断社会工作者为何发挥不了太大的作用时，所提出的“能力不足论”和“资源缺乏论”。的确它反映了社会工作者的某些事实性面向，但也可能是在倒果为因，即可能是因为社会工作者发挥不了作用，所以优秀者就离开了，或者就得不到更多的资源和锻炼，自然能力就不足、资源也缺乏。这是其一，另外则是能力不足、资源缺乏也不能反映人才培养多年、海外先进技术力量支持、国内资源正一步步加大投入这些事实。我们很难苛求全体社会工作者都在一线发挥出高度专业性，即使有些人获得某些“优秀”“专业”之类的称号。笔者也对有些学者提出要用整合模式来解决社会工作服务体系碎片化现状的观点表示一定的质疑。不管是技术化整合模式还是枢纽型整合模式的路线或者“嵌入式发展”的策略模式，本身也只是停留于零碎化、局部性的改进当中，对于制度中的相互支撑机制、国家与社会关系的思考缺少足够深度的关照，因此难以带来突破性变革。

笔者认为，必须整体转型，既要借助于技术性的治理机制，也有赖于评估机构、社工机构和家综机构支撑的专业化逻辑来完善治理机制。

## 二、专业性的形式化使用

与表面化使用专业性比较接近的是，很多情况下社工的专业性还被用来充当了门面或点缀，即形式化的使用，最典型的就是各类文书写作。

工作量大是2010—2016年期间广州社工行业内的一些抱怨，个案、小组、社区专案、社区活动（社区宣传、社区教育等等）都要有服务记录。服务记录一般由需求调研与评估报告、家访记录、计划书（个案、小组、活动都必须有计划书）、服务过程记录（个案小组活动等）、成效评估记录（前测、后测、服务对象满意度问卷、社工反思总结等等）等等众多文书构成。文书每次在中期和末期评估前还要机构内部审核，不合规或者有些漏洞的，还需要重新修补，加以“完善”以符合评估组的要求。由于服务记录和评估都要看到材料，所以社工开展服务要撰写众多文书，社工要花很多时间去撰写这些文书。

除了“文书化”，专业性的外显特征是“指标化”运行。社工服务机构围绕着指标转，在承接家综中心后，就是以指标的完成作为最为重要甚至唯一的考评机制的。社工机构会将这些指标分解到每一个社工头上，任务压力下压。即使是家综项目的评估，其评估标准也是按照项目指标而设计出来的。

评估机构以指标化来衡量家综，所以，机构运行及社工开展工作的指标化倾向更加明显。在接受评估前，家综以指标体系为核心，开展工作、查缺补漏。指标化运作并不等同于好的服务质量，倒是出现过假服务、虚指标的不良现象，从而阻碍社工行业的成长、阻碍“服务型社区”的打造、阻碍社会治理创新与社会建设的进展。

尽管家综社工的这个位置（status）在政策文本中已被承认为“专业人士”，“专业性”似乎应是它在基层社区中区别于其他岗位职业人士的主要特征。但在实际工作中，从工作时间安排、工作内容、专业自主性、职业操守、专业性发挥程度与形式等外在表现上来看，该岗位上专业性的角色期待并未能予以很好展示。笔者认为，行动者的投注力量对比及主观建构是因素，还反映出行政性逻辑框定了场域内的诸种行为及特征表现。社会工作者在权衡了各方影响力之后选择了专业性的表征，未能将其当作主导性角色期待并在日常工作中予以充分地发挥。

# 第七章　结语与讨论：制度实践的再考察

一、社工专业使用困境

二、制度实践的理论脉络总结

## 一、社工专业使用困境

基于民生的迫切需要政府借鉴海外先进经验、引入了社会工作体系来提供社会服务。广州地区则以政府购买家综服务项目的方式，在推进着当地社会工作事业的发展。家综社工专业使用制度被设计出台并付诸了实践运行，这正是本书关注的案例现象，并已经在前文对它进行了很深入细致的描述。可以看出，家综社工的这个专业使用制度，设计意图上是想发挥出专业性优势，在实际运行中要遵循预期设计的思路似乎还呈现出一个日渐成形的新实践样态，即专业运行中必需用专业性但专业性本身却被边缘化的格局。

政府对社会工作事业的重视，也是国家福利体制谋求转型升级的产物，即意味着机会平等的政治逻辑将凸显其型塑力。同时，政府深受新公共管理主义的影响，引入了招投标项目的竞争机制，虽然政府作为买方是垄断的，但卖方之间却充满着竞争，从而竞争管理的市场逻辑也在场域中发挥重要的影响力。所以，场域中注重业务质量的专业逻辑、政府传统的行政权力逻辑，以及上述两个制度性逻辑，共同角逐于舞台。根据观察与分析，专业性的制度逻辑未能得到足够的重视，获得足够的独立性、自主性，这个实践形态既让专业性是必需品，却又让专业性未能深入使用处于均衡水平状态，即为本书所谓的制度实践的“陷阱”样态。这就是本书对家综经验案例的总结性分析，从中我们也能深刻地感受到制度实践与演进的理论脉络。

## 二、制度实践的理论脉络总结

以家综社工专业使用为经验材料，围绕于制度运行与演变进行理论思考，本书形成如下看法：

第一，场域中存在很多具有“策略本能”的活跃行动者，他们彼此竞争，发生各种分化，也进行各类组合或结盟。在制度实践与演变的过程中，各制度代理人或行动者的能力和禀赋资源存在着差异，利益诉求与意图也不完全相似，权力关系的建构或引致也是各具特色，由此制度实践并未能完全按照设计意图的轨迹运行，增添了很多的新变化。很多制度逻辑或某种制度逻辑中的特定要素被行动者策略性地予以了征用、转化，从而施加了“创造性”的影响给制度或其代理人。比如，在家综案例中，街道办将职能事务交付给了家综中心来承接。经验观察广州家综体系运行，会发现很多的类似情形，都反映出制度实践中行动者依情势进行灵活选择制度实践的运行轨迹及某种定型化结果，很难以决定论的色彩去推断，只能置身于具体场景下结合于行动者分析与制度分析才能把握住。

第二，某种制度逻辑并非单一地存在，而是与其他制度逻辑被行动者所援引而共同存在于具体实践当中。它们之间的相互联系、作用，才真正促成了其作用的发挥。对于这点，周雪光（2010）等人已经做过很精彩的阐述。他们认为，不能孤立地看待某个制度逻辑的机制作用，应该在各种制度逻辑关系中认识它的作用；同时，制度逻辑间的相互关联大多数时候是松散、间断的，只是在特定情境下遭遇后才彼此发生相互作用，但它们还依然是在自身领域中演变。他们的认识建基于丰富的实证材料基础上，笔者在经验文本中也发现其观点在很多情况下是成立的，比如本书所述的政府系行动者，其柔性管理的施政意图借助了专业逻辑；而其行动所依托的制度逻辑，就主要是自身组织体系内部运作下的产物。不过，本书所要补充的见解在于，对某些制度逻辑而言，其演变运行恐怕并非独立，而是受到其他制度逻辑及行动者的深刻影响或建构。比如，“文献回顾”中已经提及，西方社会工作领域的专业性逻辑，在其成长确立过程中也受福利国家体制的强烈塑造。而在我国国内，社会工作尽管获得了政府承认的专业地位，但离社会认可意义上的专业权威地位依旧有一段距离，这也正是社会工作制度力求在实践运行后所要达成的目标。正是基于这样的一个前提，我们发现，家综社工使用制度的运行中，专业性逻辑受到了来自各方的掣肘、干扰，本身正在与其他制度逻辑、行动者的碰撞、组合中发生演变，像家综社工调整服务方向、放弃某些社会工作手法、谋求本土化之类，就体现了专业性制度逻辑的再解读或重构。

第三，制度运行所在的场域的确自有其规则或逻辑，哪怕参与各方很活跃、多元制度逻辑并存，其结构与客观关系仍会大体被框定。理性设计的正式制度一经付诸于实践，所牵引出的行动场域就可能被这些提前预设的规章制度打下“铭记”（转引自斯科特，2010）；而同时也很快会分化出多个目的不同的行动主体，并形成与该制度利益攸关的利益集团（诺斯，1994）。这可能就意味着，场域的某些先定原则会像底线一样存在着并发挥类似防御性的作用，而在这个基底之上，行动者之间是纵横捭阖的、结盟或分化随情势而定。由此，场域中呈现出的行为特征、暂时定型的制度形态，可能非常多样甚至矛盾，总是似乎远离了原初设计的形式。

第四，制度的实践与演变，充满着不确定性及不可预见性。像政府理性设计的各类制度，秉有政府授权的先在合法性，自上而下地进行实践推广，确实可能如刘玉照（2009）等人所言实现“通变”。但这只是一种情形，还有可能制度“通”后并不一定沿着既定“变”的路径走，因为与制度关联的行动者是多样多变的，其价值意图、利益追求在不同时空场景下会让其可能支持制度既定演进、也可能去推动制度变革；这些行动者之间分化组合后所形成的结构状态，包含有一种建构性的权力关系，始终也是暂时形态，难以完全定型制度的运行轨迹；而援引到场域中的各种制度逻辑，其多重存在及内在的矛盾，本身就为行动者的策略性运用提供了可能。因此，“通而未定的变”是理性设计的制度展开演进的另外一种可能。结合本书对家综材料的研究，需要补充的还在于，这种路径锁闭的出现，还可能在于制度设计中的某项安排所带来的非预期后果所致。比如广州家综以项目制来运作，项目制的特征包括有目标导向、临时化、事本主义等（陈家建等，2015；史普原，2015），这种治理机制引入到家综中心后所带来的一个后果是，当时社工晋升途径不明朗、职业不稳定感强。

总之，制度的实践与演进，充满着不确定性与不可预见性，其过程、方向与形态复杂多变，诸多行动者及制度性逻辑在其间发挥影响。行动者的“策略本能”及相互间权力关系的建构最终可能会深刻调整着制度的实践运作轨迹及暂时样态。同时，本书还专门择“制度实践陷阱”作为制度实践的特定类型来予以探讨，它与学界已经提出的各类陷阱如马尔萨斯陷阱、贫困陷阱、拉美陷阱、转型陷阱等类似：都表示一种超稳定的均衡状态，为一般的短期外力不足以改变的均衡；某个因素发挥一段时期的积极作用后，由于其不可持续性，其他制约因素又会将其作用抵消，限制往更高均衡水平发展（蔡昉，2011）。它所谓的停滞、相对稳定也不能做简单理解，与孙立平所说的转型陷阱一样，还意味着制度及其运行轨迹的扭曲化、畸形化可能。当然，我们对制度实践，尤其是制度实践陷阱的分析只是初步、刚刚开始，分析框架与结论能否推广于其他领域还有待进一步的补充和深入。另外，如前所述，本书运用实地研究法进行材料收集时可能有些不严谨、缺漏之处，这可能也会削弱了本研究的有效性，限定研究成果的可推论性。最后，请允许笔者对社工专业使用制度提出一点宏观性的建议，即政府应加大推进国家与社会的良性互动的力度，构建出更多合理的公共性空间（李友梅等，2012；肖瑛，2014），以此作为其支撑。

# 参考文献

## 著作类

[1] 奥斯特罗姆等．公共服务的制度建构[M]．宋全喜，任睿译．上海：上海三联书店，2000．

[2] 奥斯特罗姆等编．制度分析与发展的反思：问题与抉择[M]．王诚等译．北京：商务印书馆，1992．

[3] 鲍威尔，迪马吉奥主编．组织分析的新制度主义[M]．姚伟译．上海：上海人民出版社，2008．

[4] 彼得斯．政治科学中的制度理论：新制度主义（第三版）[M]．王向民，段红伟译．上海：上海人民出版社，2016．

[5] 波兰尼．大转型：我们时代的政治与经济起源[M]．冯钢，刘阳译．杭州：浙江人民出版社，2007．

[6] 布劳，斯科特．正规组织：一种比较方法[M]．夏明忠译．北京：东方出版社，2006．

[7] 布鲁姆利．经济利益与经济制度：公共政策的理论基础[M]．陈郁等译．上海：上海三联书店，上海人民出版社，1996．

[8] 蔡欣怡．绕过民主：当代中国私营企业主的身份与策略[M]．黄涛，何大明译．杭州：浙江人民出版社，2013．

[9] 陈锦棠等．香港社会服务评估与审核[M]．北京：北京大学出版社，2008．

[10] 道宾主编．经济社会学[M]．冯秋石，王星译．上海：上海人民出版社，2009．

[11] 道格拉斯．制度如何思考[M]．张晨曲译．北京：经济管理出版社，2013．

[12] 费埃德伯格．权力与规则：组织行动的动力[M]．张月等译．上海：上海人民出版社，2005．

[13] 费孝通．乡土中国[M]．上海：上海三联书店，1985．

[14] 格兰诺维特，斯威德伯格．经济生活中的社会学[M]．瞿铁鹏，姜志辉译．上海：上海人民出版社，2014．

[15] 官有垣等主编．第三部门评估与责信[M]．北京：北京大学出版社，2008．

[16] 郭忠华，刘训练编．公民身份与社会阶级[M]．南京：江苏人民出版社，2007．

[17] 汉隆．律师、国家与市场：职业主义再探[M]．程朝阳译．北京：北京大学出版社，2009．

[18] 何俊志等编译．新制度主义政治学译文精选[M]．天津：天津人民出版社，2007．

[19] 黄晓春，张东苏．十字路口的中国社会组织：政策选择与发展路径[M]．上海：上海人民出版社，2015．

[20] 黄晓勇主编．中国民间组织报告（2014）[M]．北京：社会科学文献出版社，2014．

[21] 黄宗智．民事审判与民间调节：清代的的表达与实践[M]．北京：中国社会科学出版社，1998．

[22] 蒋昆生，戚学森主编．中国社会工作发展报告（2009—2010）[M]．北京：社会科学文献出版社，2011．

[23] 凯博文．苦痛和疾病的社会根源[M]．郭金华译．上海：上海三联书店，2008．

[24] 康晓光等．依附式发展的第三部门[M]．北京：社会科学文献出版社，2011．

[25] 何国良，王思斌主编．华人社会——社会工作本质的初探[M]．香港：八方文化创作室，2000．

[26] 何芝君，麦萍施主编．本质与典范: 社会工作的反思[M]．香港：八方文化创作室，2005．

[27] 科尔钦斯基等．工作社会学[M]．姚伟，马永清译．北京：中国人民大学出版社，2012．

[28] 科斯，阿尔钦，诺斯等．财产权利与制度变迁：产权学派与新制度学派译文集[M]．刘守英等译．上海：上海三联书店，上海人民出版社，1994．

[29] 克罗齐耶，费埃德伯格．行动者与系统：集体行动的政治学[M]．张月等译．上海：上海人民出版社，2007．

[30] 雷杰等．广州市政府购买家庭综合服务分析研究[M]．北京：社会科学文献出版社，2015．

[31] 李培林，王春光主编．当代中国社会工作总论[M]．北京：社会科学文献出版社，2014．

[32] 李友梅．组织社会学及其决策分析[M]．上海：上海大学出版社，2001．

[33] 李友梅等主编．组织管理与组织创新：组织社会学实证研究文选[M]．上海：上海人民出版社，2008．

[34] 刘思达．割据的逻辑：中国法律服务市场的生态分析[M]．上海：上海三联书店，2011．

[35] 卢晖临．通向集体之路：一项关于文化观念和制度形成的个案研究[M]．北京：社会科学文献出版社，2015．

[36] 罗伯特·K·殷．案例研究设计与方法[M]．周海涛，史少杰译．重庆：重庆大学出版社，2004．

[37] 民政部社会工作司．城市社会工作研究[M]．北京：中国社会出版社，2011．

[38] 马奇，奥尔森．重新发现制度[M]．张伟译．北京：三联书店，2011．

[39] 迈尔斯，休伯曼．质性资料的分析：方法与实践[M]．张芬芬译．重庆：重庆大学出版社，2008．

[40] 麦克亚当，塔罗，蒂利．斗争的动力[M]．李义中，屈平．南京：译林出版社，2006．

[41] 默顿．社会理论与社会结构[M]．唐少杰等译．南京：译林出版社，2006．

[42] 莫拉莱斯，谢弗．一体多面的社会工作[M]．顾东辉等译．上海：上海社会科学院出版社，2009．

[43] 诺斯．经济史中的结构与变迁[M]．陈郁等译．上海：上海三联书店，上海人民出版社，1994．

[44] 诺斯．制度、制度变迁与经济绩效[M]．杭行译．上海：格致出版社，上海人民出版社，2008．

[45] 萨拉蒙．全球公民社会：非营利部门国际指数[M]．陈一梅等译．北京：北京大学出版社，2007．

[46] 萨拉蒙．公共服务中的伙伴：现代福利国家中政府与非营利组织的关系[M]．田凯译．北京：商务印书馆，2008．

[47] 塞尔兹尼克．田纳西河流域管理局与草根组织：一个正式组织的社会学研究[M]．李学译．重庆：重庆大学出版社，2014

[48] 斯科特．制度与组织：思想观念与物质利益[M]．姚伟，王黎芳译．北京：中国人民大学出版社，2010．

[49] 斯科特，戴维斯．组织理论：理性、自然与开放系统的视角[M]．高俊山译．北京：中国人民大学出版社，2011．
[50] 苏国勋，刘小枫主编．社会理论的诸理论[M]．上海：上海三联书店，华东师范大学出版社，2005．
[51] 田凯．非协调约束与组织运作：中国慈善组织与政府关系的个案研究[M]．北京：商务印书馆，2004．
[52] 涂尔干．社会学方法的准则[M]．狄玉明译．北京：商务印书馆，1995．
[53] 王杰秀，邹文开主编．中国社会工作发展报告（2011—2012）[M]．北京：社会科学文献出版社，2013．
[54] 王名等．社会组织与社会治理[M]．北京：社会科学文献出版社，2014．
[55] 王浦劬、萨拉蒙等．政府向社会组织购买公共服务研究：中国与全球经验分析[M]．北京：北京大学出版社，2010．
[56] 王思斌．社会工作本土化之路[M]．北京：北京大学出版社，2010．
[57] 王思斌主编．社会工作专业化及本土化实践[M]．北京：社会科学文献出版社，2006．
[58] 王思斌，邹文开主编．回顾反思展望——中国社会工作辉煌发展的十年（2006—2016）[M]．北京：中国社会出版社，2016．
[59] 应星．大河移民上访的故事[M]．北京：三联书店，2001．
[60] 曾家达，殷妙仲，高鉴国，辛伟泉主编．中国社会工作的发展：加拿大华人学者的回顾与探讨[M]．北京：社会科学文献出版社，2013．
[61] 詹森．组织战略的基础[M]．孙经纬译．上海：上海财经大学出版社，2008．
[62] 詹森．企业理论：治理、剩余索取权和组织形式[M]．童英译．上海：上海财经大学出版社，2008．
[63] 张永宏主编．组织社会学的新制度主义学派[M]．上海：上海人民出版社，2007．

[64] 中国社会工作协会组编．中国社会工作发展报告（1988-2008）[M]．北京：社会科学文献出版社，2009．

[65] 周黎安．转型中的地方政府[M]．上海：格致出版社，2008．

[66] 周雪光．组织社会学十讲[M]．北京：社会科学文献出版社，2003．

## 期刊类

[67] 艾云．上下级政府间“考核检查”与“应对”过程的组织学分析：以A县“计划生育”年终考核为例[J]．社会，2011(3)．

[68] 安秋玲，吴世友．我国社会工作专业化的发展：基于就业招聘信息的分析[J]．中国社会工作研究，2014(12)．

[69] 蔡昉．“中等收入陷阱”的理论、经验与针对性[J]．经济学动态，2011(12)．

[70] 陈家建．项目制与基层政府动员：对社会管理项目化运作的社会学考察[J]．中国社会科学，2013(2)．

[71] 陈家建等．项目制与政府间权责关系演变：机制及其影响[J]．社会，2015(5)．

[72] 陈家喜，汪永成．政绩驱动：地方政府创新的动力分析[J]．政治学研究，2013(4)．

[73] 陈涛．社会工作专业使命的探讨[J]．社会学研究，2011(6)．

[74] 陈为雷．从关系研究到行动策略研究：近年来我国非营利组织研究述评[J]．社会学研究，2013(1)．

[75] 陈香君，刘学勇．行动者视角下的社会工作服务体系[J]．当代港澳研究，2013(12)．

[76] 陈友华等．中国社会工作发展及其面临的体制性难题[J]．思想战线，2012(3)．

[77] 陈振明．西方政策执行研究运动的兴起[J]．江苏社会科学，2001(6)．

[78] 程昔武，朱小平．非营利组织治理结构:特征分析与框架构建[J]．审计与经济研究，2008(3)．

[79] 曹正汉．中国上下分治的治理体制及其稳定机制[J]．社会学研究，2011(1)．

[80] 邓锁．双重制度逻辑与非营利组织的运行：一个新刹度主义视角的解释[J]．华东理工大学社会科学版，2005(4)．

[81] 丁笑炯．政策实施过程中的变形[J]．社会科学，2005(10)．

[82] 范明林，徐迎春．中国社会政策和社会工作研究：本土化和专业化[J]．社会，2007(2)．

[83] 费梅苹．政府购买社会工作服务中的基层政社关系研究[J]．社会科学，2014(6)．

[84] 冯小．农民专业合作社制度异化的乡土逻辑[J]．中国农村观察，2014(2)．

[85] 甘炳光．社会工作的 “社会” 含义： 重拾社会工作中的社会本质[J]．The Hong Kong Journal of Social Work，2010(1)．

[86] 格林伍德．专业的特质[J]．中国社会工作研究，2012(9)．

[87] 葛道顺．社会工作转向：结构需求与国家策略[J]．社会发展研究，2015(4)．

[88] 葛忠明．从专业化到专业主义：中国社会工作专业发展中的一个潜在问题[J]．社会科学，2015(4)．

[89] 荀丽丽，包智明．政府动员型环境政策及其地方实践：关于内蒙古S旗生态移民的社会学分析[J]．中国社会科学，2007(5)．

[90] 管兵．竞争性与反向嵌入性：政府购买服务与社会组织发展[J]．公共管理学报，2015(3)．

[91] 郭伟和．管理主义与专业主义在当代社会工作中的争论及其消解可能[J]．中国社会工作研究，2004(2)．

[92] 郭伟和．转型社会背景下中国社会工作的发展战略选择[J]．思想战线，2011(4)．

[93] 郭伟和．后专业化时代的社会工作及其借鉴意义[J]．社会学研究，2014(5)．

[94] 郭伟和，郭莉强．西方社会工作的专业化历程及对中国的启示[J]．广东工业大学学报(社会科学版)，2013(5)．

[95] 何文盛，王定峰．“新公共管理”主义理论及其发展趋势[J]．兰州大学学报(社会科学版)，2006(1)．

[96] 何艳玲，蔡禾．中国城市基层自治组织的“内卷化”及其成因[J]．中山大学学报(社会科学版)，2005(5)．

[97] 何增科．社会管理体制改革背景下的社会工作发展思路：中国社会管理体制改革与社会工作发展研究之三[J]．毛泽东邓小平理论研究，2007(10)．

[98] 贺东航，孔繁斌．公共政策执行的中国经验[J]．中国社会科学，2011(5)．

[99] 洪佩，费梅苹．社区青少年社会工作专业化建设中的问题与反思：以上海市Z机构的个案[J]．社会工作，2014(4)．

[100] 胡杰成．社会组织承接政府购买社会服务的实践探索[J]．社会建设，2016(2)．

[101] 黄俊尧．服务下乡的再思考：农村社区服务中心诸问题探讨[J]．浙江学刊，2014(3)．

[102] 黄培洁，古允文．再思考台湾的社会工作专业制度发展[J]．东吴社会工作学报，2014(27)．

[103] 黄晓春．当代中国社会组织的制度环境与发展[J]．中国社会科学，2015(9)．

[104] 黄晓星，杨杰．社会服务组织的边界生产[J]．社会学研究，2015(6)．

[105] 黄晓星，杨杰．社区治理体系重构与社区工作的行动策略[J]．学术研究，2014(7)．

[106] 纪莺莺．治理取向与制度环境：近期社会组织研究的国家中心转向[J]．浙江学刊，2016(3)．

[107] 姜海燕．理解社会工作服务递送过程：福利意形态对社会工作本土化的启示[J]．社会发展研究，2015(3)．

[108] 康晓光等．分类控制：当前中国大陆国家与社会关系研究[J]．社会学研究，2005(6)．

[109] 何海兵．我国城市基层社会管理体制的变迁：从单位制、街居制到社区制[J]．管理世界，2003(6)．

[110] 景天魁．中国社会发展的时空结构[J]．社会学研究，1999(6)．

[111] 赖雨阳．社会行政体系的“一国两制”：探讨社会行政人员的专业化[J]．台湾社会工作学刊，2004(1)．

[112] 黎熙元，陈福平．社区论辩：转型期中国城市社区的形态转变[J]．社会学研究，2008(2)．

[113] 李易骏，陈静宜．隐而未见的代价：台湾社会工作短期契约雇用探析[J]．台湾社会工作学刊，2010(8)．

[114] 李伟，张昱．中国社会工作发展路径研究：回顾与反思[J]．理论月刊，2015(10)．

[115] 李迎生．西方社会工作发展历程及其对我国的启示[J]．学习与实践，2008(7)．

[116] 李迎生，方舒．中国社会工作模式的转型与发展[J]．中国人民大学学报，2010(3)．

[117] 李永刚，管玥．地方官员竞争的政治锦标赛模型及其优化[J]．江苏行政学院学报，2011(2)．

[118] 李友梅．浦东新区城市化过程中的农民问题研究：以严桥镇及其管理的社区为案例[J]．上海大学学报（社会科学版），1999(3)．

[119] 李友梅．基层社区组织的实际生活方式：对上海康健社区实地调查的初步认识[J]．社会学研究．2002(4)．

[120] 李友梅．城市基层社会的深层权力秩序[J]．江苏社会科学，2003(6)．

[121] 李友梅．社区治理：公民社会的微观基础[J]．社会，2007(2)．

[122] 李友梅，肖瑛，黄晓春．当代中国社会建设的公共性困境及其超越[J]．中国社会科学，2012(4)．

[123] 林兵，陈伟．购买服务中的合谋：科层制逻辑对地方政府与社会组织合作关系的影响[J]．福建论坛·人文社会科学版，2015(10 )．

[124] 林雪霏．扶贫场域内科层组织的制度弹性[J]．公共管理学报，2014(1)．

[125] 刘淑琼，彭惠．专业自主？组织自利？——论少年安置机构契约委托的筛案问题[J]．台大社会工作学刊，2007(14)．

[126] 刘思达．职业自主性与国家干预：西方职业社会学研究述评[J]．社会学研究，2006(1)．

[127] 刘玉照，田青．新制度是如何落实的？——作为制度变迁新机制的“通变”[J]．社会学研究，2009(4)．

[128] 彭善民．上海社会工作机构的生成轨迹与发展困境[J]．社会科学，2010(2)．

[129] 渠敬东．项目制：一种新的国家治理体制[J]．中国社会科学，2012(5)．

[130] 渠敬东，周飞舟，应星．从总体支配到技术治理：基于中国30年改革经验的社会学分析[J]．中国社会科学，2009(6)．

[131] 任强．光荣、梦想与堕落：法律职业化进程中的律师与法官[J]．社会科学论坛，2011(1)．

[132] 折晓叶，陈婴婴．项目制的分级运作机制和治理逻辑——对“项目进村”案例的社会学分析[J]．中国社会科学，2011(4)．
[133] 沈黎，王安琪．本土社会工作督导运作状况研究：基于上海社会工作实务界的探索性分析[J]．社会工作，2013(1)．
[134] 史柏年．中国文化与制度背景下社会工作本质的建构[J]．江苏社会科学，2011(1)．
[135] 史柏年．教师领办服务机构：中国社会工作专业化的理性选择[J]．华东理工大学学报（社会科学版），2013(3)．
[136] 史普原．科层为体、项目为用：一个中央项目运作的组织探讨[J]．社会，2015(5)．
[137] 孙柏瑛．城市社区居委会“去行政化”何以可能？[J]．南京社会科学，2016(7)．
[138] 孙立平．走向积极的社会管理[J]．社会学研究，2011(4)．
[139] 孙立平．“中等收入陷阱”还是“转型陷阱”？[J]．开放时代．2012(3)．
[140] 孙立平．撬动新一轮改革的历史进程[J]．改革内参，2014(6)．
[141] 孙立平，郭于华．“软硬兼施”：正式权力非正式运作的过程分析——华北B镇收粮的个案研究[J]．清华社会学评论特辑，2000．
[142] 孙立平等．改革以来中国社会结构的变迁[J]．中国社会科学，1994(2)．
[143] 孙嫱．政策执行与村落应对：甘肃省Z 镇的农村低保制度实践[J]．宁夏社会科学，2016(5)．
[144] 汤玉枢．自治与服务：社区组织权责的扩张与异化[J]．福建论坛·人文社会科学版，2015(4)
[145] 田凯．组织外形化：非协调约束下的组织运作[J]．社会学研究，2004(4)．

[146] 田凯．中国非营利组织理事会制度的发展与运作[J]．经济社会体制比较，2009(2)．

[147] 田凯．发展与控制之间：中国政府部门管理社会组织的策略变革[J]．河北学刊，2016(2)．

[148] 田蓉．新管理主义时代香港社会福利领域NGO之发展[J]．社会，2013，(1)．

[149] 童敏．中国本土社会工作专业实践的基本处境及其督导者的基本角色[J]．社会，2006(3)．

[150] 童敏．社会工作本质的百年探寻与实践[J]．厦门大学学报：哲学社会科学版，2009，(5)．

[151] 王名，刘求实．中国非政府组织发展的制度分析[J]．中国非营利评论，2007(1)．

[152] 王绍光．大转型：1980年代以来中国的双向运动[J]．中国社会科学，2008(1)．

[153] 王胜军，丁云龙．行政服务中心的缺陷、扩张及其演化[J]．公共管理学报，2010(4)．

[154] 王诗宗，宋程成，许鹿．中国社会组织多重特征的机制性分析[J]．中国社会科学，2014(12)．

[155] 王思斌．中国社会工作的经验与发展[J]．中国社会科学，1995(2)．

[156] 王思斌．试论我国社会工作的本土化[J]．浙江学刊，2001(2)

[157] 王思斌．中国社会的求—助关系：制度与文化的视角[J]．社会学研究，2001(4)．

[158] 王思斌．社会政策时代与政府社会政策能力建设[J]．中国社会科学，2004(6)．

[159] 王思斌．体制转变中社会工作的职业化进程[J]．北京科技大学学报(社会科学版)》，2006(1)．

[160] 王思斌．我国社会工作发展的新取向[J]．学习与实践，2007(3)．
[161] 王思斌．多元嵌套结构下的情理行动[J]．学海，2009(1)．
[162] 王思斌．中国社会工作的嵌入性发展[J]．社会科学战线，2011(2)．
[163] 王思斌．社会工作实践权的获得与发展[J]．学海．2012(1)．
[164] 王思斌．我国社会工作制度建设分析[J]．广东工业大学学报（社会科学版），2013(5)．
[165] 王思斌．社会治理结构的进化与社会工作的服务型治理[J]．北京大学学报(哲学社会科学版)，2014(6)．
[166] 王思斌，阮曾媛琪．和谐社会背景下中国社会工作的发展[J]．中国社会科学，2009(5)．
[167] 王向民．中国社会组织的项目制治理[J]．经济社会体制比较，2014(5)．
[168] 王小章，王志强．从“社区”到“脱域的共同体”：现代性视野下的社区和社区建设[J]．学术论坛，2003(6)．
[169] 王毅杰，王春．制度理性设计与基层实践逻辑[J]．南京农业大学学报（社会科学版），2014(4)．
[170] 王永钦等．中国的大国发展道路——论分权式改革的得失[J]．经济学研究，2007(1)．
[171] 王卓圣．台湾与香港社会工作专业发展的比较分析[J]．台大社会工作学刊，2004(9)．
[172] 卫小将．排异与契合：社会工作的本土局限性分析[J]．学习与实践，2014(8)．
[173] 文军，吴越菲．灾害社会工作的实践及反思：以云南鲁甸地震灾区社工整合服务为例[J]．中国社会科学，2015(9)．
[174] 吴月．社会服务内卷化及其发生逻辑：一项经验研究[J]．江汉论坛，2015(5)．

[175] 吴琼恩．新管理主义的反思与批判[J]．北京行政学院学报，2013(2)．
[176] 夏建中．从街居制到社区制：我国城市社区30年的变迁[J]．黑龙江社会科学，2008(5)．
[177] 肖小霞、张兴杰．社工机构的生成路径与运作困境分析[J]．江海学刊，2012(5)．
[178] 肖小霞等．政府购买社工服务：道德实践和政治实践的异化[J]．理论月刊，2013(7)．
[179] 肖瑛．从“国家与社会”到“制度与生活”：中国社会变迁研究的视角转换[J]．中国社会科学，2014(9)．
[180] 徐昌洪．社区居民委员会行政化及其治理研究[J]．社会主义研究，2014(1)．
[181] 徐盈艳，黎熙元．政府购买服务规制下的社会工作机构发展[J]．当代港澳研究，2012(4)．
[182] 徐永祥．试论我国社区社会工作的职业化与专业化[J]．华东理工大学学报（社科版），2000(4)．
[183] 徐永祥，侯利文．基层建设与社会治理：当前中国社会建设的两个命题[J]．河北学刊，2015(4)．
[184] 许小玲，彭华民．资源与权力：多元互动中社会工作机构发展模式研究[J]．内蒙古社会科学(汉文版)，2015(5)．
[185] 阎云翔．差序格局与中国文化的等级观[J]．社会学研究，2006(4)．
[186] 姚金伟等．项目制、服务型政府与制度复杂性：一个尝试性分析框架[J]．人文杂志，2016(4)．
[187] 姚泽麟．近代以来中国医生职业与国家关系的演变：一种职业社会学的解释[J]．社会学研究，2015(3)．
[188] 杨生勇，王才章．传统文化与本土社会工作建构：现代化视域下的社会工作本土化探析[J]．中南民族大学学报(人文社会科学版)，2011(6)．

[189] 易松国．民办社会工作机构的问题与发展路向[J]．社会工作，2013(5)．
[190] 殷妙仲．专业、科学、本土化：中国社会工作十年的三个迷思[J]．社会科学，2011(1)．
[191] 于显洋．形式化与合法性：城市社区基层制度结构的变动及功能解释[J]．江苏行政学院学报，2008(1)．
[192] 袁泉．政社合作中的政府行为及其制度逻辑[J]．南开学报（哲学社会科学版），2016(2)．
[193] 曾家达等．社会工作在中国急剧转变时期的定位：以科学方法处理社会问题[J]．社会学研究，2001(2)．
[194] 张军．分权与增长：中国的故事[J]．经济学季刊，2007(1)．
[195] 张康．专业化运动理论：人类社会中专业性职业发展历程的理论假设[J]．社会学研究，2001(5)．
[196] 张乐天，张粉霞．社会工作职业现状与对策思考："上海市浦东新区社会工作职业化"调查与分析[J]．社会科学，2002(2)．
[197] 张青，李彤．社会工作专业职业化的阻滞因素分析[J]．沈阳师范大学学报（社会科学版），2011(6)．
[198] 张晓红．社会工作本土化实践中的伦理困境[J]．社会工作与管理，2015(4)．
[199] 张兴杰，肖小霞，张开云．政府购买社会工作服务：实践检视与未来政策选项[J]．浙江学刊，2013(5)．
[200] 张雪霖，王德福．社区居委会去行政化改革的悖论及其原因探析[J]．北京行政学院学报，2016(1)．
[201] 张宇莲．"专业性"：社会工作的本土实践反思[J]．社会，2009(3)．
[202] 张兆曙．新制度落实：单位内部的上下分际及其运作[J]．社会学研究，2012(3)．

[203] 赵芳．社会工作专业化的内涵、实质及其路径选择[J]．社会科学，2015(8)．

[204] 制度与结构变迁研究课题组．作为制度运作和制度变迁方式的变通[J]．中国社会科学季刊，1997(21)．

[205] 周飞舟．锦标赛体制[J]．社会学研究，2009(3)．

[206] 周黎安．中国地方官员的晋升锦标赛模式研究[J]．经济研究，2007(7)．

[207] 周黎安．行政发包制[J]．社会，2014(6)．

[208] 周盂轲．国家与社会互构："村改居"政策"变通式落实"的实践逻辑[J]．浙江社会科学，2016(5)．

[209] 周雪光．西方社会学关于中国组织与制度变迁研究状况述评[J]．社会学研究，1999(4)．

[210] 周雪光．基层政府间的"共谋现象"：一个政府行为的制度逻辑[J]．社会学研究，2008(6)．

[211] 周雪光．权威体制与有效治理：当代中国国家治理的制度逻辑[J]．开放时代，2011(10)．

[212] 周雪光．项目制：一个"控制权"理论视角[J]．开放时代，2015(2)．

[213] 周雪光、艾云．多重逻辑下的制度变迁：一个分析框架[J]．中国社会科学，2010(4)．

[214] 周雪光、练宏．中国政府的治理模式：一个"控制权"理论[J]．社会学研究，2012(5)．

[215] 朱健刚、陈安娜．嵌入中的专业社会工作与街区权力关系：对一个政府购买社工服务项目的分析[J]．社会学研究，2013(1)．

[216] 朱健刚、陈安娜．社会工作机构的NGO化：专业化的另一种思路[J]．华东理工大学学报：社会科学版，2014(4)．

[217] 庄垂生．政策变通的理论：概念、问题与分析框架[J]．理论探讨，2000(6)．

## 学位论文、论文集、会议录：

[218] 柴定红．英美社会工作专业化模式及其对中国的启示[D]．天津：南开大学，2009．

[219] 陈琴．政府购买社工服务的实践分析与困境研究：以A区“社区服务中心”为个案[D]．武汉：华中师范大学，2014．

[220] 郭建婷．项目社工角色定位的困境分析与对策研究：以甘肃省“三区”社工项目为例[D]．兰州：兰州大学，2014．

[221] 刘立超．社区服务中心初期运营问题研究：以深圳Q社区服务中心为例[D]．沈阳：辽宁大学，2014．

[222] 孙兰兰．社会工作机构运作中的行政化现象研究：以L街道政府购买社工服务项目为例[D]．西安：西北农林科技大学，2015．

[223] 吴婷婷．机构目标替代背景下社工差异化应对策略：基于FY机构的个案研究[D]．广州：中山大学，2014．

[224] 徐呢哂．广州市家庭综合服务中心评估机制的探究[D]．上海：复旦大学，2013．

[225] 宗丽．脆弱的合作：社区服务中心与基层行政力量的关系建构及其后果[D]．上海：华东理工大学，2014．

[226] 方巍．中国社会工作发展的职业化与专业化辨析[C]．2011年浙江省社会学学会年会论文集，2011．

[227] 黎熙元，徐盈艳．政府购买公共服务与社区管理的制度冲突[C]．“回归社会：中国社会建设之路”学术会议论文，2011．

[228] 沈原，孙五三．“制度的形同质异”与社会团体的发育——以中国青基会及其对外交往活动为例[C]．中国青少年发展基金会，基金会发展研究委员会．处于十字路口的中国社团．天津:天津人民出版社，2001．

[229] 熊跃根．论中国社会工作本土化发展过程中的实践逻辑与体制嵌入：中国社会工作专业教育10年的经验反思[C]．社会工作专业化及本土化实践——中国社会工作教育协会2003—2004论文集，2003．

## 外文文献

[230] Abbott A. *The System of Professions: An Essay on the Division of Expert Labor*[M]. Chicago: University of Chicago Press, 1988.

[231] Brinton, Mary C. & Victor Nee. *The New Institutionalism in Sociology*[M]. New York: Russell Sage Foundation, 1998.

[232] Forsyth and Danislewlsz. Forward a Theory of Professionalization Work and Occupations[J]. *Social Work*, 1985, Vol.1:59—76.

[233] Grimshaw R, Sinclair R. *Planning to Care: Regulation, Procedure and Practice Under the Children Act 1989*[M]. London: National Children's Bureau, 1997.

[234] Hill, Michael & Glen Bramley. *Analyzing Social Policy*[M]. Oxford: Basil Blackwell, 1986.

[235] Hughes E. The Profession in Society[J]. *The Canadian Journal of Economics and Political Sciences*, 1960, 26 (1): 54—61.

[236] Larson, M.S. *The Rise of Professionalism*[M]. London: University of California Press, 1977.

[237] Lipsky, M. & Smith, S. Nonprofit Organizations, Government and the Welfare State[J]. *Political Science Quarterly*, 1990, 104(4): 625—648

[238] McDonald, C., J. Harris, and R. Wintersteen. Contingent on Context? Social Work and the State in Australia, Britain and the USA[J]. *British Journal of Social Work*, 2003, 133(12): 1191—2081.

[239] Manser Gordon. Further Thoughts on Purchase of Service[J]. *Social Casework*, 1974, (7): 421—474.

[240] Mullaly, Robert P. *The New Structural Social Work (third edition)* [M]. Ontario: Oxford University Press, 2007.

[241] Nee, Victor. A Theory of Market Transition: From Redistribution to Markets in State Socialism[J]. *American Sociological Review*, 1989, 54(5): 663—81.

[242] O.Neill S. Social Work: A Profession[J]. *Journal of Social Work Practice*, 1999, 13(1): 9—18.

[243] Specht, Harry & Mark E. Courtney, *Unfaithful Angels: How Social Work Has Abandoned Its Mission*[M]. New York: Free Press. 1994,

[244] Thornton P.and W. Ocasio. *Institutional Logics*[M], in R. Greenwood, C. Oliver, R. Suddaby and K. Sahlin, eds., The Sage Handbook of Organizational Institutionalism. Los Angeles: Sage Publications, 2008.

[245] Thyer, B. What is Evidence-based Practice?[J]. *Brief Treatment and Crisis Intervention*, 2004, 4(2).

[246] Tilly, C. To Explain Political Processes[J]. *American Journal of Sociology*, 1995, 100(6): 1594—1610.

[247] Tomas D.Watts & Doreen Elliott. *International Hand Book on Social Work Theory and Practice*[M]. Greenwood Press, 1997.

[248] Trattner, W. I. *From poor law to welfare state: A history of social welfare in American* (6th ed.) [M]. New York: The Free Press, 1999.

[249] Walton R. G., Nasr M. The Indigenization and Authentization in terms of Social Work in Egypt[J]. *International Social Work*, 1988, 31(2): 135—144.

[250] Yip, K. S. Professionalization of Social-work Practice in the People's Republic of China: A Tri-tensional Analysis[J]. *Asia Pacific Journal of Social Work and Development*, 2007, Vol. 17, Issue 2.

# 结束语

这本书稿源自我的博士论文。回想当初，写完论文并没有如释重负的感觉，反而感觉自己真是欠账过多，书到用时方恨少。读书不够、不精是个大问题。不过能写完博士论文已经是自己的一点点小进步，也算完成了一件大事。这里需要感谢很多人，是你们的无私帮助让我能顺利完成写作。

首先，要极力感恩导师李友梅教授。自己感觉很惭愧，进了师门却迟迟未能完成论文。自己的懒散、不努力肯定让老师比较失望，确实需要对您说一声“对不起”。现在论文得以完成和出版，也受益于老师的督促和指点，每次得到老师的批语，总是有醍醐灌顶的感觉。感谢李老师，能从硕士开始就做您的学生，是我极大的荣幸。

感谢上海大学的各位老师，上海大学社会学系严谨的学术氛围让我受益很多。已逝世的沈老师在课堂上的音容笑貌、睿智评点总是浮现眼前。张文宏、张江华、肖瑛、张佩国、张敦福、刘玉照、仇立平、耿敬、董国礼等老师们，在课程和讲座中的精彩观点总是让人耳目一新。也谢谢开题报告和预答辩中，张敦福、张江华、张佩国、肖瑛、袁浩、耿敬、徐冰、孙秀林、梁波等老师的真诚批评、指点，让我能更仔细地去思考论文的方向、修正论文中的各种不足，将浮于表面的思考结合到学术化的路径中去做深入讨论。学院陈小红老师的行政效率与服务风格，让我佩服，非常感谢。

还要感谢自己的同门。虎祥师兄的提点、特意电话的督促，让我收获很大；学勇师兄与我同在广州，时常的沟通总是能让我有“柳暗花明又一村”的感觉；还有晓春，感谢各种关照。感谢师妹虞锦美的各种帮忙，其他同门的交流也让我受益匪浅。

感谢姜立强师兄和吴兴民师兄，在广州能得到你们在论文上的很多帮助，是我的幸运。其他在广州的上大师兄也对我生活、工作有很多的帮助，谢谢你们。同时，感谢自己在广州的同事，特别是刘静林教授；也要感谢各位给我提供资料和接受调研的业内人士。

最后，无论如何也要好好地感谢自己的家人，是你们的鼎力支持，才让我能顺利完成博士论文的写作和出版。从读博到而今论文完成和出版，期间小儿都已经读了小学，感谢爱人、儿子，也谢谢全部亲人。